진리의 지식을 찾아서 20

열린 성경 닫힌 마음

진리의 말씀을 올바로 나누어

이 송 오 목사 지음

말씀보존학회

이 책을 내면서

신학을 공부하는 목적은 성경을 알기 위해서이다. 그리고 우리는 성경을 알기 위해서 성경을 읽는다. 그러나 성경을 구분하지 않고 공부하면 자꾸만 혼란과 의문만 가중된다. 예를 들면 시편의 내용은 믿음뿐 아니라 행위가 요구되며 좀 더 나아가면 율법 전체를 준수해야 형벌에서 면제받을 수 있다는 것을 알게 된다.

교회 시대에는 사람이 믿음으로 말미암아 은혜로 구원을 받고, 따라서 구원은 하나님께로부터 받는 선물이 된다. 그러나 대환란 시대를 겪는 사람은 믿음만으로는 구원을 받지 못한다. 이때에는 구원이 더 이상 하나님의 선물이 되지 않으며, 구원받고 싶은 사람은 믿음뿐 아니라 율법을 지키는 행위도 요구된다. 그뿐 아니라 짐승의 표를 받지 않기 위해 끝까지 견디어야 하는 것이다. 또 환란이 끝나고 예수님이 성도들과 함께 재림하시어 천년왕국을 세우시면 그때는 보다 엄격한 생활 규범이 지켜진다. 의이신 주님께서 의로 통치하시기 때문에 그 세상에서는 욕설이나 험담, 저주, 도둑질, 거짓말, 간음, 음행, 탐심, 불의, 불효, 불경, 사기 등 그 어떤 죄악도 용납되지 않는다. 오늘날 신문을 가득 메우는 추악한 사기, 강도, 유괴, 납치, 도박, 살인, 음란 행위, 동성연애, 술수 등 이런 죄들은 더 이상 등장할 수 없게 된다. 즉 마태복음 5,6,7장에서 제시된 산상설교의 내용을 지켜야만 하는 것이다.

예수 그리스도의 재림을 부인하는 사람들에게는 성경의 80%가 닫혀져 있는 책이 되는 것처럼, 믿음과 행위로 구원받는 환란 시대의 교리를 무시한 채 시편을 해석한다면 시편의 90% 정도를 틀리게 해석하는 심각한 문제를 야기시킨다. 우리 주위에는 여러 가지 성경 주석서들이 있지만 이런 원칙을 모르는 채 이리저리 갖다 붙여, 영적으로, 때로는 은유적으로 해석해 놓지만 그런 것은 정작 성경을 해석해 놓은 것이 아니라 주석가의 견해를 피력해 놓은 것일 뿐이다. 물론 성경은 어느 구절이나 역사적으로, 영적으로 적용시킬 수는 있다. 하지만 모든 것을 교회 시대에 사는 우리에 대한 교리로 적용시켜서는 안 된다. 영적으로만 적용시켜야 할 구절들을 교리적으로 적용하여 우리에게 가져올 때 심각한 문제를 가져오는 것도 있기 때문이다. 예를 들어 신명기 14:24-26을 보자. 『만일 **주** 너의 하나님께서 자기의 이름을 두시려고 선정하실 곳이 너로부터 너무 멀거나 그 길이 너무 길어서 **주** 너의 하나님께서 너에게 복 주신 것을 네가 가지고 갈 수 없게 되면 너는 그것을 돈으로 바꿔 그 돈을 싸서 네 손에 들고 주 너의 하나님께서 선정하실 곳으로 가서 네가 네 마음에 원하는 것은 무엇이나 돈으로 살지니, 소나 양이나 포도주나 독주나 네 마음에 드는 것을 구하여 거기서 주 너의 하나님 앞에서 먹고 너와 네 가족과 더불어 즐거워할지니라.』 이 구절을 신약 교회의 교리로 적용한다면 그 집안이 어떻게 되겠는가?

성경의 지식을 "진리의 지식"(딤전 2:4)이라 한다. 진리의 지식은 하나님의 진리이며 "절대 진리"이다. 이것은 해석하는 사람에 따라 차이가 나서는 안 되는 지식을 말한다. 이 지식을 어떻게 얻을 수 있는가? 바른 성경을 올바로 나누어 공부함으로써 깨달을 수 있다. 틀린 성경으로도 진리의 지식을 얻을 수 있는 것이라면 왜 구태여 바른 성경이 필요하겠는가? 성경의 참조 구절을 찾아 맞추다가 엉터리로 나타나면 그 성경을 그대로 두겠는가? 유명한 학교를 나왔다고 해서 성경을 잘 아는 것도 아니며 근본주의, 복음주의, 정통주의에 속했다고 해서 잘 아는 것도 아니다. 성경을 잘 알려면 먼저 바른 성경을 찾아 가져야 한다. 그 다음 그 성경을 읽을 때 여러 번 읽을수록 깨닫는 정도가 커지겠지만, 그 이전 단계로 나눔의 원칙을 알고서 읽어야 한다. 『유대인에게나 이방인에게나 하나님의 교회에게나 아무도 거치는 자가 되지 말라』(고전 10:32). 성경은 하나님의 말씀이기에 우리가 무조건 다 지켜야 한다고 주장하는 사람은 어리석은 사람이다.

성경을 잘 알지 못하는 사람들이 설교하고, 성경을 가르치고, 실행할 때에 하나님의 진리는 왜곡되고 손상을 입게 된다. 그들이 차라리 자기들의 분량을 알고 자중하였더라면 훨씬 나았겠지만 안다고 표면에 나섬으로써 많은 문제를 야기시켰던 것이다. 배교한 신학자와 목사, 교수와 사역자가 바른 조명을 받은 적이 있었는가? 칼빈이나 루터가 개혁을 이룬 것은 어떤 집단으로서가 아니라 개인이었다. 왜 개인이었는가? 개인의 신앙이 성숙했기 때문이었다. 우리 성도들도 칼빈주의, 근본주의, 보수주의, 정통주의, 복음주의에 속해 있다고 해서 자동적으로 칼빈과 같이 되고, 루터 같이 되고, 웨슬리 같이 되고, 근본주의자가 되고, 정통 신앙을 실천하는 사람이 되는 것이 아니다. 개인의 신앙이 진리에 뿌리내릴 때 그 사람은 한 사람의 그리스도인으로서 자기 역할을 다할 수 있게 된다.

그리스도인들은 예수 그리스도의 군사이다. 그러나 우리의 싸움은 치고받고 하는 현실적 전쟁이 아니라 악한 정사들과 권세들과의 전쟁이며 또 이 세상의 어두움의 주관자들과 둘째 하늘에 있는 영적 악에 대항하는 것이다(엡 6:12). 우리가 갖추어야 할 무기란 기관소총이나 로켓포가 아니라 하나님의 말씀이다. 진리의 허리띠, 의의 흉배, 화평의 복음으로 신을 신고,

믿음의 방패를 들고, 구원의 투구를 쓰고, 하나님의 말씀인 성령의 칼로 완전무장을 해야 한다. 구원받았다고 자부하면서도 성경을 모르면 기저귀 찬 어린아이나 마찬가지이다. 이런 아기가 이 영적 전쟁에서 예수 그리스도를 위해 무엇을 할 수 있겠는가? 교회는 거듭난 어린 자들에게 즉시 말씀을 가르쳐서 성숙한 그리스도인으로 성장시켜, 예수 그리스도의 전사로서 그의 역할을 다할 수 있게 해야 할 것이다.

그리스도인이 성경을 알아야 하는 것은 이같이 필수적이다. 알아도 그만 몰라도 그만인 채 교회만 왔다갔다 하는 것이 아니라 반드시 알아야 한다. 성경을 모르면 하나님께서 우리에게 주신 그분의 섭리적인 계획을 모르게 된다. 성경을 알려면 전체 구도를 알아야 한다. 예수님이 육신으로 오셔서 갈보리에서 죽으시고 승천하신 것에서만 맴돌지 말고 그리스도의 공중 재림과 성도의 휴거와 지상에서의 7년 대환란, 그리스도의 지상 재림과 천년왕국에서의 통치, 사탄의 마지막 반항과 큰 백보좌 심판, 영원 세계로의 돌입, 새 예루살렘에서의 삶 등을 구체적으로 알고 있어야 예수 그리스도의 재림을 바르게 기다리게 될 것이다. 이런 그리스도인이 성경을 믿는 성도가 된다.

성경은 우리에게 영적 양식을 공급해 준다. 그 양식을 먹는 것은 우리 성도들 스스로가 해야 한다. 먹는 데 게을리하면 영양분을 얻을 수 없게 되고 성장에 지장을 받게 된다. 성도가 먹고 성숙해지는 것은 성도의 본분이요, 주님이 바라시는 바이다(히 5:12-14).

이 송 오 목사

목 차

이 책에 인용된 성경 구절은 〈한글킹제임스성경〉입니다.

1. 하나님의 말씀을 올바로 나눠야 하는 이유

이 책에서 다루고자 하는 내용은 많은 교회에서 묵과해 버리는 주제이다. 그러나 이 주제는 성경을 읽고 공부하는 데 가장 중요한 부분이다. 이 중요한 주제를 공부하기 위해 먼저 성경을 한 구절 읽어 보자.

> 사도행전 16:30 『선생님들이여, 내가 구원을 받으려면 어떻게 해야 하나이까?』

여기서 어떤 사람이 "내가 오늘 구원을 받고 싶은데 어떻게 하면 좋겠습니까?"라고 묻고 있다. 당신은 무엇이라고 대답하겠는가? 정상적인 그리스도인은 물론 『주 예수 그리스도를 믿으라. 그리하면 너와 네 집안이 구원을 받으리라.』(행 16:31)

라고 대답할 것이다. 이 대답은 사도 바울이 대답한 내용이다. 그렇다면 다른 구절을 보자.

> 마태복음 19:16 『선한 선생님, 내가 영생을 얻으려면 어떤 선한 일을 해야 하리이까?』

여기에서 동일한 질문이 나온다. 이 때 당신은 어떻게 대답하겠는가? 이 사람에게도 주 예수를 믿으라고 하겠는가? 아니다. 여기서 예수님께서는 『그러나 네가 생명으로 들어가기를 원한다면 계명들을 지키라.』(마 19:17)라고 하신다. 그렇다고 오늘날 구원받지 못한 사람들에게 예수님과 같이 "영생을 얻으려면 계명을 지키십시오."라고 하겠는가? 물론 그럴 수 없다. 그런데 왜 예수님은 이렇게 말씀하셨을까?

1. 말씀을 올바로 나누라

만일 우리가 말씀을 올바로 나누지 못한다면 굉장히 혼란스러워질 것이다. 아마 위의 동일한 질문에 대해 우리는 몇 가지 선택을 할 수밖에 없을 것이다. 즉 바울이 틀리게 말했든지, 예수님이 틀리게 말씀하셨든지, 아니면 둘 다 틀리든지, 이 중 하나를 선택해야 할 것이다. 말씀을 올바로 나누어 공부하지 않은 배교한 목사들은 자신의 의견이나 추측, 생각 등 (예를 들어 예수님이 여기서 계명을 지키라는 것은 "믿으라"는 뜻이라고 해석하는 등)을 말씀의 권위 위에 덧붙이고 있다. 이들은 하나님의 말씀을 올바로 나누지 못하기 때문에 궁여지책으로 말씀에 덧붙여 설명하고자 하는 것이다. 이런 모순되는 구절들을 읽을 때, 많은 그리스도인들이 당황하여 그들의 목사에게 찾아가지만 그들은 이상한 설명들을 덧붙여 더욱 혼란스럽게 하거나, 사사로운 해석을 함으로써 정답을 얻지 못하게 하고 있다.

위의 두 구절은 같은 질문이지만 시대가 다르기 때문에 다른 대답이 나온 것임을 우리는 알아야 한다. 문자 그대로 예수님께서 피의 속죄를 이루시기 이전에는 "계명(율법)을 지킴으로써 영생을 얻고" 이후에는 "그리스도의 보혈을 믿음으로써 구원"을 받는다. 이처럼 구원받는 방법은 항상 같은 것이 아니라는 사실을 알아야 한다.

비슷한 경우를 로마서와 야고보서에서 더 찾아보자.

로마서 5:1 『그러므로 우리가 믿음으로 의롭게 되었으니』

야고보서 2:24 『사람이 행함으로써 의롭게 되는 것이요, 믿음으로만 되는 것이 아니니라.』

VS.

에베소서 2:8『너희가 믿음으로 말미암아 은혜로 구원을 받았으니 이것은 너희에게서 난 것이 아니요, 하나님의 선물이라. 행위에서 난 것이 아니니 아무도 자랑하지 못하게 하려 하심이라.』

야고보서 2:20,26『오 허황된 사람아, 행함이 없는 믿음은 죽은 것인 줄 네가 알고자 하느냐?... 영이 없는 몸이 죽은 것같이 행함이 없는 믿음도 죽은 것이니라.』

이 두 개의 상반된 주장 가운데 어떤 것이 옳은가? 많은 교사들이 바울이 기록한 믿음은 행위를 포함한 믿음이라고 가르치고 있다. 또 대부분의 성경을 믿지 않는 목사들은 야고보서를 그리스도인들에게 적용함으로써 행위를 강조하고 그들을 혼동시켜 구원의 확신마저 흔들어 놓는다.

그러나 하나님의 말씀은 기록된 그대로 믿기만 하면 되는 것이다. 즉 야고보서는 1:1에서『하나님과 주 예수 그리스도의 종 야고보는 널리 흩어져 있는 열두 지파에게 문안하노라.』라고 기록하고 있다. 누구에게 문안하고 있는가? 읽는 그대로 흩어져 있는 열두 지파에게이다. 여기서 "열두 지파"는 그리스도인이 아니라 이스라엘의 열두 지파이다. 대부분의 신학자들의 주석서에서는 이 구절을 그리스도인에게 교리적으로 적용하곤 하는데, 우리가 이 구절을 좀 더 자세히 살펴보면, 이 구절은 "환란 때의 유대인"에게 관계된다는 것을 알 수 있으며, 요한계시록 14:12의 『하나님의 계명들과 예수의 믿음을 지키는 자들』인 이들은 믿음만으로는 구원을 받지 못하고, 그 믿음에 더하여 하나님의 계명을 지키는 율법의 행위가 있어야만 구원받을 수 있다는 사실을 알 수 있다. 교회 시대에는 믿음으로만 구원받지만 대환란에서는 믿음과 이 믿음을 끝까지 지키는 행위가 뒤따라야 한다.

또 레위기 11장에서는 사람이 먹을 수 있는 음식과 먹을 수 없는 음식을 구분하고 있으나, 디모데전서 4:3,4에서는 음식을 믿음으로 먹으면 괜찮다고 말씀하고 있다.

우리는 "시대"와 "대상"('유대인'과 '이방인'과 '교회')을 알아야 한다. 성경은 이렇게 기록되어 있다. 『그러므로 너희가 먹든지 마시든지 무엇을 하든지 다 하나님의 영광을 위하여 하라. 유대인에게나 이방인에게나 하나님의 교회에게나 아무도 거치는 자가 되지 말라』(고전 10:31,32). 우리가 믿음 없이 사람의 교리나 사상을 바탕으로 두고 성경을 읽는다면 억지로 풀거나 모순을 접할 때 당황하게 될 것이다. 만일 우리가 성경을 올바로 나누어 믿지 않는다면 "성경은 왜 이리 모순이 되는 구절이 많은가?" 하고 혼란스럽게 되어 성경은 하나의 도덕 교과서 외에는 아무런 의미를 줄 수 없게 될 것이며, 그 결과 사사로이 해석함으로써 하나님의 뜻을 저버리고 사탄의 편에 서게 되는 경우가 종종 있게 된다.

우리가 먼저 알아야 할 사실은 사탄은 아주 영리하여 하나님의 말씀을 이용하여 사람을 파멸로 이끈다는 사실이다. 사탄은 이브에게 하나님의 말씀을 의심하도록 만들어 하나님을 신뢰하는 데서 흔들어 놓았다. 『참으로 하나님께서 말씀하시기를 '너희는 동산의 모든 나무에서 나는 것을 먹지 말라.' 하시더냐?』(창 3:1)였다. 사탄에게서 그런 말을 처음 들었을 때 이브는 말씀에 확고히 서지 못했기 때문에 그녀는 말씀에서 벗어나고 있었음을 알 수 있다. 사탄은 이브에게 하나님의 말씀을 변개시켜 제시했고, 심지어는 예수님께도 하나님의 말씀을 인용하여 시험하였던 것을 알 수 있다. 그는 예수님을 시험할 때 시편 91편을 인용하면서 두 가지 잘못을 범했는데, 첫째로는 하나님의 말씀을 변개시킨 것이고, 둘째로는 그 말씀을 엉뚱한 곳에다 잘못 적용시킨 것이다.

마태복음 4:6에서 사탄이 『기록되었으되 …너를 받들어서 어느 때라도 너의 발이 돌에 부딪히지 않게 하시리라.』 하며 말한 이 구절은 시편 91:11,12의 인용이다. 시편 91편의 이 구절은 그리스도의 재림에 관련된 구절이다. 그런데 사탄은 이 구절을 예수 그리스도의 초림에다 적용하여 시험한 것이다. 이러한 잘못된 적용은 그가 말씀을 변개한 것을 기반으로 삼는데, 시편 91:11,12의 『이는 그가 너에 대하여 자기 천사들에게 명하시어 너의 모든 길에서 너를 지키게 하실 것임이라. 그들이 그들의 손으로 너를 받들어 네 발이 돌에 부딪히지 않게 할 것이요.』라는 말씀에서 "모든 길"을 "어느 때라도"라고 변개시켜, 이 일이 모든 때에 해당되는 것처럼 말한 것이다. 이런 방법, 즉 성경을 변개시키거나 성경의 모든 구절을 아전인수격으로 적용하는 것은 사탄이 자주 사용하는 방법이다.

왜 우리가 바른 성경을 가져야 하는가? 틀린 성경은 사탄에 의하여 변개된 것이며 변개된 성경은 힘이 없이 사탄의 공격과 계략에 적절하게 방어할 수 있는 능력을 잃게 되는 것이다. 얼마나 많은 교회들이 사탄의 수중에 들어가 있는가 보라! 그들은 모두 변개된 성경을 쓰고 있음을 알 수 있다.

2. 하나님께서는 나누셨다

> 디모데후서 2:15 『네가 진리의 말씀을 올바로 나누어 자신이 하나님 앞에 부끄럽지 않은 일꾼으로 인정받도록 공부하라』

〈한글킹제임스성경〉 이외의 어떤 다른 한글 성경에도 "나누라"(divide), "공부하라"(study)라고 기록되어 있지 않다. 다른 변개된 성경들에는 "읽으라, 노력하라," "분별하라, 옳게 사용해라." 등으로 기록되어 있다. 우리가 "진리의 말씀"인 올바른 성경을 가지고 있지 않다면 하나님의 말씀이 혼란스럽게 되어 전혀 알 수 없음을 깨닫게 될 것이다.

지금부터 우리는 "어떻게 진리의 말씀을 올바로 나누는가?"를 배워서 하나님의 말씀은 전혀 모순이 없다는 것을 알고자 한다.

하나님 앞에서 인정을 받기 원한다면 공부해야 한다. 부끄러움을 당하고 싶지 않다면 올바로 나누어야 한다. 아주 경건한 설교자라 할지라도 하나님의 말씀을 올바로 나누지 못하면 부끄러움을 당하게 될 것이다. 만일 어떤 설교자가 거짓말을 하고자 하는 의도는 없었을지라도, 자신이 교단 신학교에서 배웠던 자신들의 교단 교리를 이야기하고, 하나님의 말씀을 올바로 제시하여 설교하지 않고 자신의 교단을 두려워한다면, 이 때문에 그는 하나님께 부끄러움을 당할 것이다. 성경이 그렇게 말씀하고 있지 않는 것을 설교자가 사사로이 해석하여 성경과 반대되게 전했다면 그것을 듣고 영적 병을 앓게 될 사람들을 상상해 보라. 그에게 돌아올 수치가 얼마나 클 것인가? 어떤 설교자가 방언하면 성령세례를 받은 것이라고 가르쳤다면 수 많은 사람들이 방언하자고 다가올 텐데 그보다 더 무서운 광경이 있겠는가? 그보다 더 수치스러운 일이 있겠는가?

거의 모든 그리스도인들은 신약과 구약 사이에는 현저한 차이가 있다는 것을 알고 있으며, 구약과 신약으로 나누는 데는 동의하고 있다.

히브리서 7:12 『제사장 직분이 바뀌었다면 율법도 반드시 바뀌어야 하리니』

히브리서 7:22 『예수는 이처럼 더 좋은 언약의 보증이 되셨느니라.』

고린도후서 3:6-16 『또한 그분은 우리로 새 언약의 능력 있는 일꾼이 되게 하셨는데 이는 법문으로 한 것이 아니고 영으로 한 것이니 법문은 죽이고 영은 생명을 주기 때문이라. 그러나 돌판에 기록되고 새겨진 죽음의 직분이 영광스러워서 이스라엘 자손이 모세의 용모의 영광, 즉 없어져 버릴 영광 때문에 그의 얼굴을 주목할 수 없었거늘 하물며 영의 직분은 더욱 영광스럽지 아니하겠느냐? 정죄의 직분에 영광이 있다면 의의 직분에는 영광이 더욱 많으리라. 이전에는 영광스러운 것이었을지라도 그것을 앞지르는 영광 때문에 이런 점에서는 영광스럽지 못한 것이라. 없어져 버린 것도 영광스럽다면 영속할 것은 영광이 훨씬 더 많으리라. 정녕 우리가 그러한 소망을 가졌으므로 담대하게 말하노니 모세가 이스라엘 자손이 지금은 없어진 그것의 종말을 지켜보지 못하게 하려고 자기 얼굴에 수건을 가리는 것같이는 아니하노라. 그들의 마음이 완고하여 오늘까지도 옛 언약을 읽을 때에 그와 같은 수건이 벗겨지지 아니하고 남아 있으나 그 수건은 그리스도 안에서 없어지는 것이라. 그러나 오늘까지도 모세의 글을 읽을 때에 수건이 그들의 마음을 덮는도다. 그렇지만 주께로 돌아서면 그 수건은 벗겨지리라.』

이 구절들에서 볼 수 있듯이, 지나간 "옛 언약"이 있고, 이제 오게 될 영광스러운 "새 언약"이 있다. 그러나 하나님의 말씀과는 반대로 "두 언약은 다르지 않다"라고 말하는 사람들이 종종 있다.

예를 들면 "구약의 모든 성도들은 신약의 십자가, 즉 오실 예수님을 앞으로 바라보고 믿음으로 구원받았으며, 신약의 성도들은 갈보리의 십자가, 즉 오신 예수님을 뒤로 바라봄으로 구원받았다"고 말한다. 그러나 성경에는 이런 주장을 증명할 만한 구절이 하나도 없다. 단지 구약에서는 신약적 구원의 "유형"만을 볼 수 있다. 유형이 있다고 해서 그 유형으로 구원받았다는 말은 결코 아니다. 그 이유는 다음과 같다.

하나님께서는 대상에 따라 각 시대마다 사람을 다루시는 방법을 바꾸신다. 만약 성경에서 한 구절 취하여 『나는 길이요 진리요 생명이라. 나로 말미암지 않고는 아버지께로 올 사람이 아무도 없느니라.』(요 14:6)는 구절을 잘못 해석하여 "구약이나 신약이나 사람을 구원하시는 방법이 똑같다."라고 생각하면 안 된다. (그렇게 가르치는 사람은 예수 그리스도의 보혈을 무시하고 한 쪽에 치워 놓는 일도 서슴없이 할 것이다. 예를 들어 골로새서 1:14의 개역한글판성경과 〈한글킹제임스성경〉을 비교해 보라.) 한글개역성경에는 "그 아들 안에서 우리가 구속 곧 죄사함을 얻었도다"라고 되어 있다. 〈한글킹제임스성경〉은 『그 안에서 우리가 그의 보혈을 통하여 구속, 곧 죄들의 용서함을 받았느니라.』고 분명히 밝히고 있다. 죄인이 그리스도의 보혈이 없이 어떻게 죄의 용서함을 받을 수 있는가? 보혈이 없다면 그것은 인간의 노력으로도 구원이 가능하다는 구약적 구원 방법을 신약 교회 교리로 만든 것이다. 이런 것은 믿음이 아니라 죄를 지으면 동물을 잡아 그 피로 죄를 덮는 율법 행위의 반복인 것이다. 구원받지 않은 자들은 무지하기에 그런 성경을 하나님의 말씀이라고 믿는 것이다.

(1) **히브리서 11:7**

『믿음으로 노아는 아직 보지 못한 일들에 대해 하나님의 경고하심을 받고 두려움으로 행하여 방주를 예비함으로 자기 집안을 구원하였으니, 그것을 통하여 세상을 정죄하고 믿음에 의한 의의 상속자가 되었느니라.』

노아가 예수 그리스도께서 흘리신 보혈을 미리 내다봄으로써 구원받았는가? 노아가 십자가로 구원받았다는 구절은 한 구절도 없다. 그런데도 여전히 노아가 십자가를 바라봄으로 구원받았다고 주장하는 사람들이 있다. 하나님의 구원 계획은 한 가지가 아니었다. 그리스도의 십자가 이전과 이후는 현저하게 다르다. 이 시대 우리는 구원받기 위하여 노아처럼 방주를 만들지 않는다. 노아가 십자가를 믿으려 했다 해도 그때는 십자가가 없었다. 그러나 지금 우리는 십자가에서 죽으시고 부활하신(롬 10:9,10) 예수 그리스도를 믿고 구원받는다. 지금은 은혜 시대라고 부른다. 로마카톨릭처럼 아기 예수를 믿거나 대부분의 개신교처럼 십자가에 달려 있는 죽은 예수 그리스도를 믿으면 구원받을 수 없다. 부활하셨고 승천하시어 지금 셋째 하늘에 살아 계시고 곧 오시어 이 땅을 심판하실 그 왕되신 분을 믿어야 구원받는 것이다.

(2) 히브리서 11:4

『믿음으로 아벨은 카인보다 더 나은 제사를 하나님께 드림으로써 의로운 자라고 증거를 받았으니, 하나님께서 그의 예물들을 인정하심이라. 그가 죽었으나 믿음으로 아직 말하고 있느니라.』

아벨이 십자가를 믿음으로 구원받았다는 구절이 있는가? 그는 짐승을 잡아서 하나님께 바쳐야만 했다. 그가 믿음으로 한 것은 사실이고, 노아도 믿음으로 행하였으며, 아브라함도 믿음으로 행한 것은 사실이지만 그 믿음은 예수 그리스도를 믿는 믿음이 아니라 하나님께서 하신 말씀, 즉 "이렇게 하라"는 말씀을 믿는 믿음이었다.

노아는 방주를 지었고, 아벨은 짐승을 잡아 바쳤다. 아브라함에게는 팔레스타인 땅을 주셨으며, 그를 축복하는 자는 복을 받고 저주하는 자는 저주를 받게 된다는 약속을 주셨다. 그는 큰 민족을 이루게 된다. 100세 때 경도도 끊어진 지 오래된 90세의 아내가 아들을 낳게 되어 유업을 이어 받을 것이라는 하나님의 모든 말씀을 그대로 믿었던 것이다(창 12,15,19, 21장). 『아브람이 주를 믿으니 주께서 그것을 그에게 의로 여기셨더라』(창 15:6).

(3) 베드로전서 1:9-12을 보자.

『이는 너희 믿음의 결과, 곧 너희 혼들의 구원을 받음이니라. 이 구원에 관해서는, 너희에게 임할 은혜에 관하여 예언한 선지자들이 열심히 조사하고 살펴보던 것이며, 그들 안에 계셨던 그리스도의 영이 그리스도의 고난과 다가올 영광을 미리 증거하실 때, 그 영이 무엇을, 또 어떤 시기를 지시하시는지 탐구하던 것이니라. 그들이 행한 사역들은 자신들을 위한 것이 아니라 우리를 위한 것임이 그들에게 계시되었고 이것이 하늘로부터 보내신 성령으로 너희에게 복음을 전한 자들을 통하여 너희에게 이제 전해졌으며 천사들도 살펴보기를 간절히 바라는 것들이니라.』

예수 그리스도의 영이 선지자들의 안에 있어서 십자가의 사건을 예언하도록 하셨는데 여기서 보면 이 예언은 자신들을 위한 것이 아니라 우리를 위한 것이라고 기록되어 있다. 즉 십자가 사건을 그들이 예언하였지만 이 사건이 그들에게 적용된다고 말하고 있지 않다. 다시 말하면 어떤 사람이 앞으로 누군가가 선물을 받을 것이라고 미리 예언을 했지만, 그 선물이 그 자신에게 주어지지는 않았다는 것이다. 또한 바울이 계시한 "이방인이 복음을 통하여 공동 상속자가 되고 한 몸이 된다"는 내용을 열두 사도들과 선지자들은 알지 못했다고 기록하고 있다(엡 3:1-6). 구약성경을 가지고 공부했던 선지자들은 시편 22편과 이사야서 53장에서 그리스도의 십자가를 보았고 알 수 있었을 것이다. 그러나 이사야 54장에서 예수 그리스도의 재림을 읽었을 때 알 수 있었겠는가? 유다 이스카리옷이 예수님을 배반하여 은 삼십 개에 팔기로 마음먹은 것은 성경의 예언을 잘못 알았기 때문이었다. 그가 아는 지식은 메시아는 죽지 않는다고 했는데 예수님은 자신이 죽으실 것을 말씀했었다. 유다는 그런 예수님을 혹시 가짜 메시아가 아닌가 하고 의심했던 것이다.

로마서 15:4에는 『무엇이든지 전에 기록된 것은 우리의 교훈을 위하여 기록된 것이니 이는 성경이 주는 인내와 위로로써 소망을 지니게 하려 함이니라.』고 되어 있다. 즉 구약의 모든 내용은 우리에게 "교훈"은 줄 수 있으나, 그것들이 모두 우리가 지켜야 하는 "교리"가 될 수는 없다는 것이다.

2. 하나님의 경륜이란?

먼저 알아야 할 것은 "경륜"이란 단어이다. 이 경륜(dispensation)이라는 단어는 성경에 4번 나오는데, 이 단어를 이해하는 것이 성경을 나누어 보는 열쇠이다.

> 에베소서 3:1,2『이런 까닭에 나 바울은 너희 이방인들을 위하여 예수 그리스도의 죄수가 되었으니, 과연 너희를 위하여 내게 주신 하나님의 은혜의 경륜을 너희가 들었을진대』
>
> 에베소서 1:9,10『그의 기쁘심을 따라 자기 안에서 계획하신 바 그의 뜻의 신비를 우리에게 알게 하셨으니 이는 때가 찬 경륜 안에서 하늘에 있는 것들이나 땅에 있는 것들이나 자신 안에 있는 것들까지도 만

물을 그리스도 안에서 하나로 함께 모으려는 것이니라.』

하나님께서는 때가 차자 다루시는 방법을 바꾸신 것이다.

골로새서 1:25 『너희를 위하여 내게 주신 하나님의 경륜을 따라 하나님의 말씀을 이루려고 내가 일꾼이 되었느라.』

고린도전서 9:17 『내가 기꺼이 이 일을 하면 상이 있으려니와 기꺼이 하지 아니한다 해도 복음의 경륜이 내게 맡겨졌음이라.』

바울은 하나님께서 자신에게 맡긴 경륜에 대해 말하고 있다. 경륜(dispensation)이라고 했을 때 "dispense"는 "나누어 주다"는 뜻으로, 지금 바울이 받아 나누어 주는 것은 구약 성도들에게는 주어지지 않은 것이다. 하나님의 경륜, 즉 하나님께서 나누어 주신 것은 각 시대마다 다르며, 맡겨진 일도 시대마다 모두 다르다. 그런데 사탄이 하는 일은 이와 같은 하나님의 경륜을 뒤섞어 버리는 것이다. 율법 시대에 해당하는 말씀이나 환란 시대에 적용해야 할 말씀을 현 시대의 그리스도인들에게 적용시켜 행위 구원을 위해 노력하게 만들거나 율법을 지키도록 강요하고 있는 것이다. 또한 하나님께서는 성도들에게 악한 세상과 분리되라고 하셨는데, 성경을 믿지 않는 설교자들은 세상을 천국으로 변화시키려고 여러 종교 단체들과 연합을 획책한다. 사탄은 진리나 거짓이 결국 다 같고, 절대 진리는 없다고 가르치며, 보편적인 것만을 진리라고 가르친다. 남자와 여자도 같고, 백인과 흑인도 같으며, 기독교나 천주교나 불교도 같은 종교이고, 틀린 성경이나 올바른 성경이나 크게 다를 바 없으며 모두 같은 것이라고 가르친다. 그러한 자들에게는 낙원과 지옥도 구분이 없으며 결국은 구원받아야 하는 당위성도 없어져 버려 교회의 강단이 복음의 메시지와 진리의 지식을 전파하는 곳이 아니라 가려운 귀를 즐겁게 해주고, 기도만 하면 복 받는다고 거짓말을 하는 곳이 되어 버렸다. 그래서 모든 능력은 마귀가 행한 것도 성령의 능력으로 탈바꿈되어 때로는 마귀가 하나님이 되고 하나님이 마귀가 되는 것이다.

하지만 질서의 하나님께서는 빛과 어둠을 나누시듯이, 항상 나누시고 분리시키신다. 하나님께서 나누시는 목적은 선한 이유인데(행 17:26,27), 만일 모든 사람들이 모여서 연합하게 되면 하나님을 거역하고 몰아내고 대항하기 때문이다. 『가서 우리를 위하여 성읍과 탑을 세우되 탑 꼭대기가 하늘에 닿도록 하여 우리의 이름을 내자. 그리하여 우리가 온 지면에 멀리 흩어지지 않게 하자』(창 11:4).

현대의 교회들은 WCC, NCC에 가입하여 스스로 불교나 기독교나 유교나 힌두교나 다 같은 종교이므로, "사랑으로 화합하자"라는 미명하에 모두 모으려 한다. 이들은 대중매체를 이용하여 예수님을 하나의 "평화의 성자"로 모시며, 인본주의적인 사랑만을 강조한다. 그러나 이들이 주장하는 사랑과 평화는 예수 그리스도와 하나님의 말씀을 제외한 사랑과 평화로, 예수 그리스도 없는 천국을 이룩하려는 시도일 뿐이다. 그들은 결코 지옥에 관하여 설교하지 않고, 예수 그리스도의 재림이나 거듭남에 대하여도 이야기하지 않으며, 오직 세상이나 교세 확장에만 관심이 있다. 예수님께서는 세상을 위해 기도하시지 않으셨다(요 17:9). 만일 이 세상이 살기 좋은 곳이 된다는 긍정적 견지에서 그리스도인의 신앙이 이룩된 것이라면 그것은 거짓 신앙이다. 왜냐하면 성경은 그렇게 가르치지 않기 때문이다. 성경은 의의 왕이신 그리스도가 오시기 전에는 화평의 왕이 오실 수 없다고 말씀하심에도 불구하고(히 7:2) 그들은 예수 그리스도 없이 이 땅에 왕국을 세울 수 있다며 사람들의 세력을 규합시키고 있다.

우리가 하나님의 구원 계획에서 반드시 알아야 할 것은 "하나님께서 우리에게 지금 무엇을 하라고 명령하셨는가?"이다. 하나님께서는 자신들의 종교를 위한 열심이 아닌 말씀에 대한 순종을 원하신다. 우리가 성경을 성경대로 믿어야만 하는 이유는 바로 그 점이다. 야고보서에서 분명히 "열두 지파"에게 보낸다고 기록되어 있으면 자신의 생각을 더하지 말고 있는 그대로 받아들여야 하며, 또 요한계시록에 144,000명이 "유대인"이라고 기록되어 있으면 그들이 문자 그대로 유대인이라고 이해해야 한다. 여호와의 증인들이나 배교한 개신교도들은 성경에 기록된 대로 믿기를 거부하고 항상 하나님의 말씀보다 학자의 말이나 권위를 성경의 권위 위에다 두기 때문에 문제가 된다. 대부분의 주석서를 보면 항상 하나님의 말씀에다 다른 무엇을 더해 자신의 권위를 하나님의 권위 위에 두고 있음을 알 수 있다. 왜냐하면 그들은 성경을 하나님의 말씀으로 인정하지 않거나 잘못된 교사들에게 배운 대로 가르치기 때문이다. 그들은 부활을 믿지 않았던 사두개인이나 권력에 눈이 멀었던 바리새인 같이 항상 자신의 현재의 지위와 사람들의 눈 때문에 성경에서 제시하는 것을 담대하게 이야기하지 못한다. 대부분의 교단 목사들은 예수님 당시의 서기관들이나 바리새인들처럼 성경에 거역하는 일들을 모두 찾아 행하면서도 그들 교인들에게서 목자와 학자로 존경받기를 원하고 있다. 그러나 그들은 위선자들일 뿐이다. (마태복음 23장을 읽어 보라.)

누가복음 18:31-34『주께서 열둘을 데리고 그들에게 말씀하시기를 "보라, 우리가 예루살렘으로 올라가면 인자에 관하여 선지자들이 기록한 모든 것이 이루어지리라. 그가 이방인들에게 넘겨지고 조롱을 당하며, 모욕을 받고 침뱉음을 받게 되리라. 또 그들이 그를 채찍질하고 죽이리라. 그러나 셋째 날에 그가 다시 살아나리라."고 하시니라. 그들은 이런 일 중에서 아무것도 깨닫지 못하더라. 이 말씀이 그들에게 감추어졌으므로 그들은 말씀하신 것들을 알지 못하더라.』

만일 제자들이 십자가 사건에 대해 이해하고 있었다면 "주님은 위대한 일을 하려고 하시는구나."라고 하면서 기뻐했을 것이다. 하지만 그들은 오직 지금 왕국이 오는 것만 기다리고 있었던 것이다. 현대 신학은 구약의 성도들도 십자가를 바라보았다고 하지만, 심지어 제자들도 그 사실을 모르고 있는데 어떻게 그 사실이 그들에게 적용될 수 있었을 것인가? 성경에 무지한 자들이 성경 전체를 구속 사역에다 맞추려 하기 때문에 이런 우를 범하게 되는 것이다. 특히 미국의 근본주의 교회들에서 이렇게 실행하고 있다. 교회가 구원의 복음으로 죄인들을 구원시키는 것보다 중요한 일이 있겠는가? 그러나 성경의 주제는 왕국의 통치이다. 구원받은 사람들로 예수 그리스도의 재림을 기다리도록 가르쳐야 한다. 구원받은 아기들보다는 성장한 그리스도인들이 지상에서 그리스도의 용사가 된다.

사도 바울의 서신서들이 신약성경의 주류를 이루고 교회의 교리가 된 근거는 주님께서는 교회의 경륜을 사도 바울에게 계시하셨기 때문이다. 하나님께서 어느 시대에 어떤 사람을 들어 쓰시어서 하나님께서 원하시는 계시를 깨닫게 하시는 것은 그분의 섭리이다. 하나님께서도 마틴 루터와 존 칼빈으로 하여금 세상보다 더 부패한 카톨릭을 개혁하도록 시키셨다. 그러나 그들이 성경의 모든 부분을 다 잘 알았던 것은 아니다. 그들이 성경을 더 잘 알았더라면 어린 아기들에게 물 뿌려 교회 회원으로 삼지는 않았을 것이다.

세대적 진리를 배격한 사람들은 누구인가? 〈킹제임스성경〉을 하나님의 참다운 말씀으로 믿지 않는 대부분의 개신교와 은사주의자들이다. 세대적 진리를 믿는 사람들은 누구인가? 성경대로 믿는 독립침례교인들이다. 이 두 그룹 중 누가 더 구령하고 진리의 지식을 잘 알아 여러 가지 교리 서적들을 쓰고 있는가? 성경에서 경륜을 무시하는 사람들은 성경을 교단 교리에 묶어두는 사람들이다. 주님은 무지한 자들에게 어떤 점수도 주시지 않는다. 그러나 누구든지 무지하다면 무지하게 내버려 두라(고전 14:38)고 하셨다.

구약 성도들도 십자가로 구원을 받아야 한다면, 구약에 있는 모든 사람은 다 지옥으로 가야만 한다. 왜냐하면 제자들조차도 그것을 이해하지 못하고 있었기 때문이다.

3. 시대에 따른 언약들

우리는 여기서 성경에서 크게 나누고 있는 몇 가지 내용을 살펴봄으로 시대마다 계획하신 하나님의 목적을 알아보고자 한다.

> 로마서 5:14 『그러나 아담으로부터 모세까지 아담의 범죄와 같은 죄를 짓지 아니한 자들 위에도 사망이 군림하였으니 아담은 오실 분의 모형이라.』
>
> 마태복음 11:13 『모든 선지서와 율법은 요한까지 예언한 것이라.』

성경은 아담부터 모세까지가 하나의 부분이며, 율법은 요한까지라는 또 하나의 부분을 명확히 제시하고 있다.

〈경륜에 따른 시대 구분〉

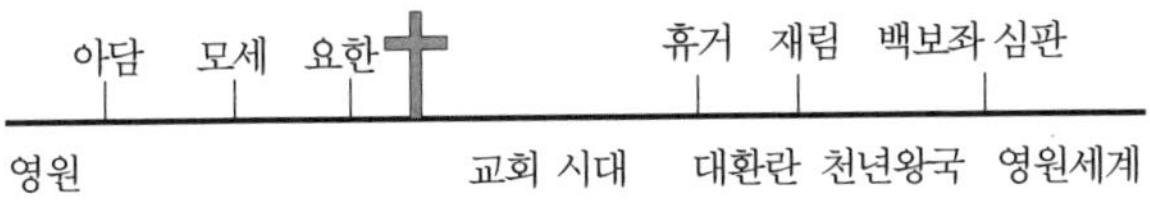

1. 에덴의 언약

하나님께서 사람을 다루시는 첫 번째 방법을 살펴보자.

『하나님께서 그들에게 복을 주시고 하나님께서 그들에게 말씀하시기를 "다산하고 번성하며 땅을 다시 채우고 그것을 정복하라. 그리고 바다의 고기와 공중의 새와 땅 위에서 움직이는 모든 생물을 다스리라." 하시니라』(창 1:28).

여기서 하나님께서는 아담에게 "선과 악의 지식의 나무에서 나는 것을 먹지 말라."고 말씀하셨지 "그리스도의 보혈을 믿고 거듭나라."고 말씀하지 않으셨다.

『주 하나님께서 그 사람을 데려다가 에덴의 동산에

두시고 그것을 관리하고 지키게 하시더라. 주 하나님께서 그 사람에게 명령하여 말씀하시기를 "동산의 모든 나무에서 나는 것을 네가 마음대로 먹을 수 있으나 선과 악의 지식의 나무에서 나는 것은 먹지 말라. 네가 거기서 나는 것을 먹는 날에는 반드시 죽으리라." 하시니라』(창 2:15-17).

하나님께서 아담에게 에덴을 다스리고 지키도록 하시고 선과 악을 알게 하는 나무의 열매를 먹지 말라고 한 가지 명령을 하셨다. 이것이 메시아에 관한 구절인가? 아담이 "오 주여 저는 아무것도 듣고 싶지 않고 오직 예수 그리스도의 십자가를 바라보겠습니다. 내 구원은 오직 예수님의 보혈을 믿으므로 오는 것이기 때문에 그것만을 믿겠습니다."라고 말할 수 있겠는가?

아담은 지금 "행함"이 필요하다. 그러나 오늘날의 우리도 선과 악의 지식의 나무를 따먹지 말아야 하는가? 지금은 선과 악의 지식의 나무가 없다. 아담에게는 구체적인 그 명령에 순종하는가, 안 하는가에 영원한 생명이 걸려 있었다. 즉 아담은 "선과 악의 지식의 나무에서 나는 것은 먹지 말라."는 하나님의 명령을 지켜야만 영생을 얻게 되는 것이었다.

그러나 우리의 구원은 하나님께서 "우리에게" 하신 명령에 순종하는 것에 달려 있다. 다시 말해 하나님께서는 우리에게 "선과 악의 지식의 나무에서 나는 것은 먹지 말라."고 하지 않으셨다는 것이다. 그때 아담은 선과 악을 구별하지 못하는, 벌거벗고 뛰노는 어린아이들과 같이 죄라는 것이 무엇인지조차 모르는 천진난만한 상태였지만 우리는 그렇지 않다. 우리의 경우 죄는 지금 우리의 육신 안에 거하고 있다(롬 7:18,20).

그때에는 아담을 다루시는 방법이 한 가지뿐이었다. 그런데 아담은 그 한 가지 명령을 어기고 선과 악의 지식의 나무의 열매를 먹었고, 그 후 죄는 인류의 조상인 아담 안에 들어오게 되었으며, 그로 인하여 그는 에덴에서 쫓겨났던 것이다. 하나님께서는 아담의 후손들을 구원하시기 위해 다른 계획을 마련하셔야만 했고 곧바로 "선과 악의 지식의 나무에서 나는 것은 먹지 말라."는 명령은 없어졌다. 하나님께서 이 명령을 또 다른 누구에게 하신 적이 있는가 보라. 이 말씀은 오직 아담과 이브에게만 해당됨을 알아야 한다. 성경을 기록된 그대로 믿게 되면 혼란스럽지 않게 된다. 성경에 인간의 손을 함부로 대서 고치게 되면 그것은 큰 죄를 짓는 행위이다. 왜냐하면 변개된 성경을 아무리 잘 지켰다 해도 그것은 하나님의 명령에 순종한 것이 될 수 없기 때문이다. 그렇다면 누가 성경을 변개시키는가? 마귀와 그의 하수인들인 것을 모르겠는가? 변개된 성경이야말로 마귀의 성경인 것이다.

2. 아담의 언약

죄의 결과와 아담을 위한 구원 계획은 다음과 같다.

『주 하나님께서 그 뱀에게 말씀하시기를 "네가 이것을 행하였으니, 너는 모든 가축과 들의 모든 짐승보다 저주를 받아 네 배로 다닐 것이며 네 평생토록 흙을 먹을지니라. 내가 너[뱀]와 여자 사이에, 또 네 씨[사탄]와 그녀의 씨[예수 그리스도] 사이에 적의를 두리니, 그녀의 씨[예수 그리스도]는 너의 머리를 부술 것이요, 너는 그의 발꿈치를 부술 것이라." 하시고 여자에게 말씀하시기를 "내가 너의 고통과 너의 임신을 크게 늘리리니, 네가 고통 가운데서 자식들을 낳을 것이요, 너의 바람은 네 남편에게 있을 것이니, 남편이 너를 주관할 것이라." 하시더라. 또 하나님께서 아담에게 말씀하시기를 "네가 네 아내의 음성에 경청한 까닭에, 내가 네게 명하여 말하기를 '너는 그것을 먹지 말라.'고 한 그 나무의 열매를 먹었으니, 너로 인하여 땅은 저주를 받고 너는 너의 전 생애 동안 고통 중에서 그 소산을 먹으리라. 또 땅은 네게 가시나무와 엉겅퀴를 낼 것이요 너는 들의 채소를 먹을 것이며, 네가 땅으로 돌아갈 때까지 네 얼굴에 땀을 흘려야 빵을 먹으리니, 이는 네가 땅에서 취해졌음이라. 너는 흙이니 너는 흙으로 돌아 갈 것이니라." 하시니라』(창 3:14-19).

이 언약은 누구에게나 해당된다. 뱀은 여전히 기어다니며, 여자는 여전히 해산의 고통을 당하여야 한다. 아무리 최신 시설로 완비된 좋은 병원이라 할지라도 여전히 해산할 때는 고통이 있다. 또한 남자들은 살기 위하여 일을 하고 땀을 흘린다. 하지만 오늘날에는 땀 흘리지 않고 밥을 먹는 방법을 개발하여 로봇에게 일을 시키기도 하고 도박을 해서 돈을 벌거나(잃게 마련이지만) 은행의 이자로 불로소득을 얻어 사는 사람들도 있다. 이 세상에서 저질러지는 범죄들은 인간이 하나님의 말씀에서 돌이켜 땀 흘리지 않고 편안하게 더 풍요하게 살기 위해서 속이고, 훔치고, 위협하고, 착복한 데서 생긴 것이다. 남자는 가장으로서 식탁에 빵을 가져오려면 어떤 형태로든지 땀을 흘려야 한다. 이것은 하나님의 명령이요, 하나님의 법칙이기도 하다. 땀 흘리지 않고 잘 살려는 자들은 하나님의 명령을 거역하는 자들임을 알라. 그런 자들이 사람들의 눈에 발각될 때면 감옥에 가야 함을 알아야 한다. 감옥은 이 땅 위에서 유일하게 일하지 않고 먹는 곳이다.

이번에는 희생제물의 제사가 등장한다. 하나님께서는 희생제물을 원하셨고, 아벨은 "하나님께서 정하신 방법대로" 예배드릴 것에 순종했으나(히 9:22), 카인은 "자신의 방식으로" 하나님을 섬기려 했다(카인의 길, 유 1:11). 즉 하나님을 향하여 두 가지 형태의 예배가 등장한 것인데, 자신의 방식으로 하나님을 섬기는 것과 하나님의 방식으로 하나님을 섬기는 것이다. 많은 사람들은 "지성이면 감천이라." 하여 정성과 마음만 있으면 하나님을 기쁘시게 할 수 있다고 생각한다. 하지만 하나님은 제사보다 말씀에 순종할 것을 원하신다. 지성이 지극하면 하늘이 알아 줄 것이라고 짐작한 데서 종교가 생겨났다. 하나님은 자기 자녀들이 영과 진리로 드린 예배를 받으시는 반면 마귀는 아무에게서나 어떤 제사나 경배를 받는다. 그래서 심지어는 조상의 묘에 차려 놓은 음식과 절도 받으며 묘 앞에 뿌려진 술도 받고 심지어 삶아 놓은 돼지머리에다 절하거나 절간의 우상들, 돌과 장승에게 절하게 만들어 놓고 경배를 받는다. 한글개역성경에는 영과 진리가 아닌 신령과 진정으로 예배드린다고 되어 있다. 신령과 진정으로 드린 예배가 지성이면 감천을 낳은 근거이다.

『하나님께서 사람의 사악함이 세상에 창대해짐과 그 마음의 생각의 모든 상상이 계속해서 악할 뿐임을 보시고』(창 6:5).

『너는 고펠 나무로 방주를 만들되, 방주 안에 방들을 만들고 역청으로 안팎을 칠할지니라』(창 6:14).

이제 하나님께서는 노아에게 방주를 만들라고 명령하신다. 십자가를 바라보라 하지 않으시고, "네가 살아남아 구원받기를 원하느냐? 그러면 방주를 만들라."고 하신 것이다.

그러나 지금도 우리가 노아처럼 방주에 들어가야 구원을 받게 되는 것인가?

3. 노아의 언약

어떤 인간도 이 시대에 방주를 지어야 구원을 받는 사람은 없다. 구원이 중요하다고 해서 어디에나 구원을 붙여서는 안 된다. 세대적 진리를 무시하고 성경을 나눌 줄 모르게 되면 그의 지식은 우물 안에 머물게 된다. 성경을 닫지 말고 열어야 하며, 마음도 닫지 말고 열어야 깨달을 수 있다. 교단 교리에 마음을 두면 성경은 닫힌 성경이 되고 만다.

하나님께서 다시 말씀하시기를 『그러나 고기를 그 생명과 더불어, 즉 그 피째 먹지 말지니라. 내가 반드시 너희 생명의 피를 찾으리니, 모든 짐승의 손과 사람의 손에서도 내가 그것을 찾을 것이며, 모든 사람의 형제의 손에서도 내가 그 사람의 생명을 찾으리라. 사람의 피를 흘리는 사람은 사람에 의해서 자기의 피도 흘려지게 되리니, 이는 주께서 하나님의 형상대로 사람을 지으셨음이라.』(창 9:4-6)고 하셨다.

하나님께서는 노아에게 몇 가지 명령을 주셨는데, 여기에도 십자가를 바라보라는 말이 없다. 하나님께서는 피를 먹는 것을 금하셨다. 율법 이전에도(창 9:4) 율법 하에서도(레 17:10) 율법 후에도(행 21:25) 금하셨다. 왜냐하면 육체의 생명이 피에 있기 때문이다(레 17:11). 하나님을 믿지 않는 자들은 과학을 신뢰한다. 과학은 생명을 만들 수 없다. 과학은 하나님께 도전할 수 없다. 과학이 하나님께 도전하려면 피를 만들 수 있어야 한다.

하나님께서 인간과 동물을 지으셨다는 증거는 하나님만이 생명을 낳으실 수 있고 피를 만드실 수 있다는 것으로 증명할 수 있다. 그러나 인간의 죄는 인간의 피로는 깨끗해질 수 없다. 오직 하나님의 피로써만 깨끗해질 수 있다. 예수 그리스도의 피는 하나님의 피였다(행 20:28).

4. 아브라함의 언약

이제 하나님께서는 한 사람을 택하여 계획을 이루신다.

『주께서 아브람에게 말씀하셨는데 "너는 네 고향과 네 친족과 네 아비의 집을 떠나 내가 네게 보여 줄 땅으로 가라. 내가 너로 큰 민족을 이루게 할 것이며 네게 복을 주고 네 이름을 위대하게 하리니, 너는 복이 되리라. 너를 축복하는 자들에게 내가 복을 주고 너를 저주하는 자를 저주하리라. 네 안에서 땅의 모든 족속들이 복을 받을 것이라." 하셨더라』(창 12:1-3).

그런데 이 축복과 약속은 조건이 있다. 아브라함은 자신이 살던 고향에서 떠나야만 이 축복을 얻을 수 있는 것이다. 만약 그때 아브라함이 하나님의 음성을 거부하고 떠나지 않으면서 "아니, 나는 지금 십자가의 보혈을 바라보고 있는데 왜 그러십니까?"라고 했다면 어떻게 되었을까? 아무리 십자가를 바라보아도 구원을 받을 수 없다. 그는 하나님의 명령에 순종하여 떠나야만 했던 것이다.

창세기 17:4-14은 이렇게 말씀하고 있다.

『"보라, 내가 너와 더불어 내 언약을 세우노니, 너는 많은 민족들의 아비가 되리라. 네 이름을 더 이상 아브람이라 부르지 않고, 네 이름을 아브라함이라 하리니, 이는 내가 너를 많은 민족들의 아비가 되게 하였음이라. 내가 너를 심히 다산하게 하리니, 내가 네게서 민족들을 이루며, 네게서 왕들이 나오게 하리라. 내가 나와 너와 네 뒤에 올 네 씨 사이에 대대로 내 언약을 세우리니, 영원한 언약을 삼고 너와 네 씨의 하나님이 되리라. 내가 너와 네 뒤에 올 네 씨에게 네가 타국인으로 있는 땅, 즉 카나안의 모든 땅을 주어 영원한 소유가 되게 하며, 나는 그들의 하나님이 되리라." 하시니라. 또 하나님께서 아브라함에게 말씀하시기를 "그러므로 너는 내 언약을 지키고, 너와 네 뒤에 올 네 씨도 대대로 지키라. 이것이 나와 너희와 네 뒤에 올 네 씨 사이에 맺은 너희가 지켜야 할 나의 언약이니 '너희 가운데 모든 사내 아이는 다 할례를 받을지니라.' 너희는 너희의 포피의 살을 베어 내라. 이것이 나와 너희 사이의 언약의 표가 되리라. 대대로 모든 사내 아이는 집에서 태어났거나 네 씨가 아니고 타국인에게서 돈으로 샀어도, 난 지 팔 일이 되면 너희 가운데서 할례를 받아야 하느니라. 네 집에서 태어난 자든지 네 돈으로 산 자든지 할례를 받아야만 하리니, 내 언약이 영원한 언약이 되어 너희 살에 있을 것이라. 할례를 받지 아니한 사내 아이, 곧 그의 포피의 살을 베어 내지 아니한 자는 그의 백성 중에서 끊어지리니, 그가 내 언약을 위반하였음이라." 하시더라.』

아브라함은 "할례의 언약"을 받았다. 왜냐하면 그 언약은 그의 "씨"와 관련이 있기 때문이다. 8절에서는 그의 씨가 "카나안의 주인"이 될 것이라 약속하셨다. 그래서 이 언약은 그의 씨인 이삭과 야곱에 의해 이어졌다. 이것은 "유대인"과 관계가 있다. 이때 교회는 전혀 나타나 있지도 않다.

이제 아브라함과 맺은 언약은 유대인과 관계가 있고, 이방인은 여전히 "아담과 맺은 언약"과 "노아와 맺은 언약"과 관계가 있다.

독자는 아브라함의 자손이 이집트로 내려가 노예로 생활했다는 것을 알 것이다. 주님이 그들을 이집트로부터 구원하신 것은 아브라함과 그의 씨와의 언약을 기억하시고(출 2:24) 언약을 지키시기 위해서였으며, 또한 카나안 땅으로 그들을 인도하셔서 그들과 또 다른 방식으로 관계를 맺으시고자 하셨기 때문이다.

이스라엘이 출애굽한 것에, 그리스도인이 세상을 떠난 것을 이집트를 떠난 것으로, 또 홍해를 건넌 것을 구원받는 것으로 해석하는 근본주의자들도 있으나 이것은 영적으로 적용한 것일 뿐 교리적으로 적용하면 틀린 것이다. 성경을 나누어서 공부하지 않은 사람들은 이처럼 성경 어디에나 교회와 구원을 갖다 붙여 제멋대로 써먹고 있다. 그들은 이렇게 해서 무지한 사람들 앞에다 그들의 무지만 쏟아내고 있다. 성경을 나누어서 공부하지 않으면 부끄러움을 당한다고 성경은 말씀하셨다(딤후 2:15).

성경에서 할례는 하나님께서 유대인에게 명령하신 것이다(창 17:12, 신 10:16). 광야에서 40년 동안 하지 못했던 할례를 그들은 카나안 땅에 들어와서 행했다(수 5:2-7). 이는 이스라엘이 율법을 지키는 데 실패했기 때문이었다. 율법의 행위로는 하나님 앞에 의롭게 될 육체가 없고, 인간은 율법을 통해서만 죄를 깨닫는다(롬 3:20). 하나님께서 이 점을 이미 신명기 30:6에서 기록하셨다.

하나님께서는 믿음의 법을 예수 그리스도를 통하여 제시해 주셨다(롬 3:23-28). 『아브라함이 세상의 상속자가 되리라고 하신 약속은 아브라함이나 그의 씨에게 율법을 통하여 하신 것이 아니요, 믿음의 의를 통하여 하신 것이니라. 만일 율법에 속한 자들이 상속자라면 믿음은 헛되게 되고 그 약속은 무효가 되느니라』(롬 4:13,14). 이 부분은 뒤에서 다시 자세히 설명할 것이다.

5. 모세의 언약

출애굽기 20장의 십계명과 레위기와 신명기에 보면 율법과 규례들이 나오는데, 하나님께서는 이와 같이 유대 백성과 독특한 방식으로 관계를 맺으셨다. 이 규례들에는 심지어 그들의 머리를 어떻게 자르고 옷은 어떻게 입으며 안식일과 같은 특별한 날은 어떻게 지켜야 하는지와 먹어야 할 음식과 먹어서는 안 되는 음식도 정해 놓으셨다.

즉 이 언약은 유대인인 아브라함의 육신의 씨와 관계가 있는 것인데, 이 언약을 "모세와 맺은 언약" 혹은 "율법의 언약"이라 한다. 바로 이 부분이 배교한 근본주의자들이 흔히 실수하는 부분이다. 왜냐하면 출애굽기에서 유월절의 어린양이 너무나 강하게 그리스도를 나타내기 때문에, "출애굽할 때 사람들이 구원받은 것이나 오늘날 내가 구원받은 것이나 똑같다."라고 생각하는 것이다. 그러나 전혀 그렇지 않다. 에스겔서에 그 답이 있다.

> 에스겔 33:14-16『다시, 내가 악인에게 말하기를 "너는 반드시 죽으리라." 하였으나 만일 그가 자기 죄에서 돌이켜서 합법적이고 옳은 것을 행하면 만일 그 악인이 저당물을 되돌리고 그가 강탈한 것을 다시 주며

생명의 규례들대로 행하고 죄악을 행하지 아니하면 그는 반드시 살고 죽지 아니하리라. 그가 범한 그의 죄들 중 아무것도 그에게 언급되지 않을 것이며 그는 합법적이고 옳은 것을 행하였으니 그가 반드시 살리라.』

이 상황에서 이 악한 사람은 "십자가를 믿고 구원받았다"고 생각되는가? 믿음으로 의롭게 되었다고 생각되는가? 여기서는 회개하고 돌이켜 규례를 지키라고 했지, 믿으라고 하지 않았다.

필자는 미국에서 유학하는 동안 캘리포니아 주 치노(Chino) 형무소에서 2년간 복음을 전한 적이 있었는데, 그때 여러 유형의 죄수들을 만났지만 그중에서도 3명의 사람을 죽인 강도와 만난 적이 있었다. 나는 그 사람에게 "당신은 회개하고 착한 일을 하십시오."라고 하거나 "당신의 죄에 합당하게 형벌을 받으라."고 하지 않았다. 오직 "예수 그리스도의 보혈로 당신의 죄는 이미 용서되었으니 이 사실을 믿으시오."라고 했다. 그곳에서 그렇게 믿고 구원받은 죄수들은 1,300명이 넘었다.

그런데 성경에는 유대인들에게 너는 "이렇게이렇게 하라. 그래야 구원을 받으리라."고 말하는 구절들이 많이 있다. 또한 레위기에서는 "짐승의 피"로 죄들이 용서되는 것을 볼 수 있다. 물론 유월절 양은 예수 그리스도의 피의 "모형"이다. 그러나 이 "모형"이 그 당시의 사람들도 예수 그리스도를 믿음으로 말미암아 구원받는다는 것을 의미하지는 않는다. 그는 "예수 그리스도는 나의 구주이다."라고 고백하지 않는다. 이 사람이 구원을 받으려면 양을 잡아 제사장에게 가져다주어, 그 양을 죽여서 피를 흘려야만 했다. 그러나 동물의 피로는 죄를 덮어 주는 것, 즉 그 죄를 용서하는 일만이 가능했으나 죄를 깨끗게 할 수는 없었던 것이다.

『주께서 그의 앞을 지나시며 선포하시기를 "주로다. 자비롭고, 은혜로우며, 오래 참고, 선함과 진리가 풍성한 주 하나님이로다. 자비를 수천 대까지 간직하며 죄악과 허물과 죄를 용서하나 범법자가 결코 깨끗게 되지는 아니하리니 그 조상들의 죄악을 그 자손들과 그 자손들의 자손들 삼사 대까지 미치게 하느니라." 하시니라』(출 34:6,7).

만일 동물의 피로 죄를 씻는 것이 가능했다면 하나님의 아들이 이 땅에 내려오셔서 여자의 씨로 태어나 하나님의 어린 양으로 십자가에 드려질 필요가 있었겠는가?

『그때에 말씀하시기를 "오 하나님이여, 보소서, 주의

뜻을 행하려고 내가 왔나이다." 하셨으니 첫 번째 것을 폐하심은 두 번째 것을 세우려 하심이라. 그 뜻에 따라 한 번 예수 그리스도의 몸을 드리심으로 우리가 거룩하게 된 것이라. 제사장마다 매일 서서 섬기며, 똑같은 제사를 자주 드리지만 이것으로써는 결코 죄들을 제거할 수 없으나 이분은 한 번의 속죄제를 영원히 드린 후 하나님의 오른편에 앉으셔서 그후로는 그의 원수들을 자기 발판으로 삼으실 때까지 기다리시느니라. 이는 그가 한 번의 제사로써 거룩하게 된 자들을 영원히 온전케 하셨기 때문이라』(히 10:9-14).

황소와 염소의 피와 암송아지의 재로 육체를 정결케 하고 거룩하게 할 수 있었다면 흠 없는 자신을 드릴 필요가 있었겠는가?(히 9:13,14)

6. 다윗의 언약

하나님께서는 모세의 언약 이후 다윗이라는 한 사람과 특이한 언약을 맺으신다.

『그러므로 이제 너는 내 종 다윗에게 이같이 말하라. '만군의 **주**가 이같이 말하노라. 내가 너를 양우리에서 양을 따르는 데서 데려와 내 백성 이스라엘을 다스릴 치리자로 삼았느니라. 나는 네가 가는 곳마다 너와 함께 있었고, 네 눈 앞에서 네 모든 원수들을 끊어버렸으며, 지상에 있는 위대한 사람들의 이름과 같은 위대한 이름을 네게 만들어 주었도다. 또 내가 내 백성 이스라엘을 위하여 한 장소를 정하여 그들을 심으리니, 그들이 자기들의 장소에 거하여 다시는 옮기지 아니할 것이요, 악의 자손들도 전처럼 다시는 그들을 괴롭히지 못할 것이며, 또 내가 재판관들에게 명령하여 내 백성 이스라엘을 다스리게 하던 때 이후처럼 하지 못하리라. 또 내가 너를 네 모든 원수들로부터 쉬게 하였노라. 또 **주**가 네게 말하노니, 그가 너를 위하여 한 집을 이루리라. 네 날들이 차서 네가 네 조상들과 함께 잠들 때, 내가 네 몸에서 나올, 곧 네 뒤에 올 네 씨를 세우고, 내가 그의 왕국을 견고하게 하리라. 그가 내 이름을 위하여 한 집을 지을 것이요, 나는 그의 왕국의 보좌를 영원히 견고하게 하리라. 나는 그의 아버지가 되고 그는 나의 아들이 되리니, 만일 그가 죄악을 범하면 내가 사람들의 막대기로, 사람의 자식의 채찍으로 그를 징책하리라. 그러나 내가 네 앞에서 제거한 사울로부터 내 자비를 빼앗은 것과 같이 그것이 그에게서 떠나지는 아니하리니 네 집과 네 왕국이 네 앞에서 영원히 세워지리라. 네 보좌가 영원히 세워지리라.'" 하시더라』(삼하 7:8-16).

하나님께서는 여기서 다윗의 씨에게 왕위를 주셔서 영원한 왕국을 세우시고 사울과 같이 왕위를 빼앗지 않을 것을 약속하신다.

이후 다윗은 살인과 간음하는 죄를 저지르는데, 이런 죄는 그 당시 모세의 율법하에서는 구원을 받을 수 없고 돌로 쳐서 죽여야만 하는 죄였다. 하지만 하나님께서는 그를 죽이지 않으셨다. 이것이 오늘날 그리스도인들이 출애굽에서와 마찬가지로 상당히 오해를 하는 부분인데, 다윗은 "예수 그리스도의 위대한 모형"으로서, 구약의 예외적인 인물이다. 그래서 다른 구약 성도들에게 주어지지 않은 특별한 자비가 그에게 주어졌던 것이다.

우리는 이 사실을 사노행전에서 찾을 수 있다.

『하나님께서 예수를 다시 살리심으로써 그들의 자녀인 우리에게 어떻게 동일하게 이루셨는가를 선포하노

라. 시편 둘째 편에도 기록되었듯이 '너는 내 아들이라, 오늘 내가 너를 낳았노라.' 하셨고 그를 죽은 자들로부터 살리사 다시는 썩어질 것으로 돌아가지 않게 하실 것에 관하여 이와 같이 말씀하시기를 '내가 다윗의 확실한 자비를 너희에게 주리라.' 하셨으며 그래서 시편 다른 곳에서도 말씀하시기를 '주께서 주의 거룩하신 분으로 썩어짐을 보지 않게 하실 것임이니이다.' 하셨느니라. 다윗은 그의 당대에 하나님의 뜻을 따라 섬기다가 잠들어 그의 조상 곁에 묻혀 썩어짐을 보았으나 하나님께서 다시 살리신 그는 썩어짐을 보지 않았느니라』(행 13:33-37).

여기서 다윗은 바로 예수 그리스도의 모형이라는 것을 알 수 있다. 그래서 다윗과 맺은 특별한 언약은 우리의 특별한 은혜와 비슷하다. 그러나 다윗이 특별한 자비를 받은 것은 사실이지만, 그는 십자가를 바라보지 않았다.

하나님께서 다윗과 맺은 이 언약 이후 유대인들은 하나님을 저버리고 범죄하였다. 그래서 주님께서는 이방인들을 사용하여 유대인들을 흩어 버리시고 그분의 일을 이루어 나가셨는데, 이 사건은 B.C. 606년에 일어났다.

그렇다면 하나님께서 약속하신 왕국은 영원하다고 하셨는

데 왕국이 없어지고 이방인들이 차지하고 있다면 어떻게 된 것인가? B.C. 606년 이후 다윗의 자손들은 어디 있었는가? 만일 성경이 진리라면 "다윗에게 약속한 씨"는 반드시 나타나야만 한다. 바로 그 씨가 "예수 그리스도"이시다.

『보라, 네가 너의 태 안에 임신하여 한 아들을 낳으리니 그의 이름을 예수라 하라. 그는 위대하게 될 것이며, 가장 높으신 분의 아들이라 불릴 것이요, 또 주 하나님께서 그에게 그의 조상 다윗의 보좌를 주실 것이며 그는 야곱의 집안을 영원히 통치할 것이요 그의 왕국은 무궁하리라』(눅 1:31-33).

즉 사무엘하 7장에서 다윗에게 약속하셨던 것을 이루신 분이 예수 그리스도이시다. 예수 그리스도의 초림과 재림을 혼동하는 신학자들은 예수 그리스도가 지금 다윗의 보좌에서 통치하신다고 가르치려 하지만 예수 그리스도께서는 아직까지 다윗의 보좌에서 통치해 보신 적이 없으시다. 이제 곧 오시면 천년왕국에서 다윗의 보좌에서 영원히 통치하신다는 예언을 실현하실 것이다.

『예수 그리스도의 종 바울은 사도로 부르심을 받아

하나님의 복음을 위하여 성별된 바, (이는 그분께서 자기의 선지자들을 통하여 성경에 미리 약속하신 것이라.) 이 복음은 그의 아들 예수 그리스도 우리 주에 관한 것으로 그는 육신으로는 다윗의 씨에서 나셨으며』(롬 1:1-3).

"다윗의 씨"는 육신을 입으신 하나님으로 오셨고, 새로운 언약 곧 신약이 시작된다. 마태복음 11:13을 통해 율법과 예언은 침례인 요한까지라는 것을 알고 있을 것이다. 그런데 아직 요한이 "내가 말하던 그분이라" 할 때까지는 율법 안에 있었다. 이제 예수님이 나타나셔서 십자가에서 죽으시자 율법이 폐기된 것이다.

7. 새 언약 (신약 시대)

『그러나 그리스도께서는 다가올 선한 것들의 대제사장으로 오셔서, 손으로 짓지 아니한, 곧 이러한 건물이 아닌 더 크고 더 온전한 성막을 통하여 염소와 송아지의 피로 아니하고 오직 자신의 피로 한 번 성소에 들어가셔서 우리를 위하여 영원한 구속을 이루셨느니라.

황소와 염소의 피와 암송아지의 재도 불결한 자들에게 뿌려 그 육체를 정결케 함으로써 거룩하게 한다면, 하물며 영원하신 성령을 통하여 흠 없는 자신을 하나님께 드린 그리스도의 피가 어찌 죽은 행실에서 너희 양심을 정결케 하여 살아 계신 하나님을 섬기게 하지 못하겠느냐? 이런 연유로 그는 새 언약의 중보자이시니, 이는 첫 언약 때에 범죄한 것들을 구속하시려고 죽으심으로써 부르심을 받은 자들로 그 영원한 유업의 약속을 받게 하시려는 것이라. 유언이 있는 곳에는 유언한 자의 죽음도 필연코 따라와야 하리니 유언은 사람이 죽은 후에야 효력이 있으며 유언한 자가 살아 있는 동안에는 전혀 효력이 없느니라』(히 9:11-17).

"신약"(New Testament)이라는 말은 "새 유언"이란 뜻이다. 유언은 사람이 죽은 후에야 효력이 있다는 것은 누구나 알고 있을 것이다. 그래서 아직 예수님이 죽기 전까지는 신약이 시작되지 않은 것이다. 많은 사람들은 신약이라고 해서 복음서를 신약 시대의 "교리"로 삼으려고 하는데 그것은 매우 위험한 일이다. "유언의 효력"은 반드시 죽은 뒤에야 있다. 따라서 예수님이 오셔서 죽으시기 전까지는 특별한 시대(경륜)가 계속되고 있음을 우리는 알 수 있다.

우리가 가진 성경에는 "구약성경"이 말라키로 끝나고 마태복음부터 "신약성경"이 시작된다. 그러나 예수님께서 마태복음 27장에서 죽으시기 전까지는 아직 "신약"이 시작되지 않았다. 앞에서 언급한 마태복음 19장의 "내가 구원을 받으려면 어떻게 해야 되리이까?"라는 질문에서, 그때에는 아직 구약이었기 때문에 "계명들을 지키라"는 대답이 나왔다. 그러나 신약이 시작된 이후 사도행전에서 바울은 동일한 질문에 "주 예수 그리스도를 믿으라"고 하였던 것이다(행 16:31). 이제 당신은 왜 하나님의 말씀을 정확하게 나누어야 하는지 이해하겠는가?

성경에는 무엇을 더할 필요가 없다. 예수님께서 "'계명을 지키라"고 하셨으면 지키면 되고, 바울이 "믿음으로 의롭게 되었다"고 하면 그렇게 믿으면 된다. 방금 살펴본 것과 같이 성경은 정확하게 나누어진다. 아담과의 언약에서 아이를 낳을 때 고통이 따를 것이리던 그 언약은 노아와 모세와 다윗을 통과하여 오늘날까지도 유효하다. 그러나 어떤 언약들은 그렇지 않다. 그래서 이런 것을 깨닫기 위해서 디모데후서 2:15에서와 같이 "공부하라"는 것이다. 하나님 앞에서 올바른 마음(하나님의 말씀을 믿고자 하는 마음)을 가지고 공부하지 않고, 올바른 해석을 자신의 생각대로 "그것은 또 어떤 사람의 주장이군." 이라고 한다면, 성경에 계시된 하나님의 말씀을 잘 모른 채

살 수밖에 없을 것이다. 그것은 개인의 자유이나, 모르는 채로 남을 가르치려 들지 말라는 것이다. 목사 안수받았다고 이것 저것 듣고 주워다가 가르치려 한다면 소경이 소경을 인도하다 둘 다 구덩이에 빠지게 된다는 것을 알아야 한다. 하나님께서는 공부하지 않은 사람을 종이라고 부르지도 않으시지만 성경을 모르는 사람에게 성경을 가르치라고 위탁하지 않으신다는 점도 알아야 할 것이다. 교단 교리를 고집하는 개신교 목사들이나 은사주의 목사들이 교인들에게 성경을 제대로 가르치는 것을 본 적이 있는가?

드디어 예수 그리스도께서 십자가에서 죽임을 당하신 이후 역사상 최초로 하나님의 새로운 경륜이 시작된다. 아마도 이 세상에서 우리는 가장 좋은 시대에 태어난 자들일 것이다. 우리가 어떤 악한 죄를 지었다 하더라도 단번에 용서되는데, 모세도 그러한 언약을 받은 적이 없다. 모세의 언약은 "만약 선하게 살다가 마지막에 악하게 되면 그의 선은 기억되지 않고 죄 가운데 죽으리라"는 것이다(겔 33장). 그러나 그리스도인들은 악한 죄를 짓고 죽는다 하여도 죄 가운데 죽지 않는다. 그들은 "그리스도의 심판석"(하나님의 심판석이 아님)에서 상을 받지 못할 망정 지옥에는 가지 않는다(고전 3:11-15). 그런데 어떻게 구원이 다 똑같다고 말할 수 있겠는가? 성경에서 구원받는 방법이 모두 동일하다고 생각하는 사람이 있다면 그는 참으로 어리석은 사람이다.

이제 머지않아 예수 그리스도께서 오실 것이다. 그분이 오시면 그의 신부인 우리를 다 데리고 올라가실 것이다. 그때 데리고 가는 것은 지역 교회나 어떤 교단 교회가 아니라 거듭난 성도들, 즉 그리스도의 신부이다. 신부는 사도행전 2장 이후 그리스도께서 오실 때까지의 기간 중에 거듭나서 구원받은 그리스도인들이다. 갈보리에서 오른쪽에 있는 강도는 주님께 단지 자기를 기억해 달라고만 하였다. 주님은 그때 그에게 계명들을 지키라든지 침례를 받으라고 하지 않으셨고, 오직 그에게 "낙원에 있으리라."고만 약속하셨다. 그러나 지금은 어떤 죄인이라도 "그리스도의 보혈로 저의 죗값을 이미 지불한 것을 믿습니다."라고 감사만 하면 된다. 당신의 죄를 용서해 주시려고 예수님께서 자기의 손과 발에 못질을 당하여 십자가에 매달리시고 피와 물을 다 쏟아내셨다는 사실을 기억해야 한다. 그런 주님의 이름을 빙자해 돈을 모으려는 자들이 있다면 그들은 그 십자가를 욕되게 하는 자들이다. 하나님께서는 악인에게 매일 분노하시고 계심을 알아야 한다(시 7:11). 지금은 교회 시대이다. 이 시대는 사도 바울 이외의 다른 사도들은 이해하지 못했다. 이스라엘이 예수님을 거부함으로 인해, 창세

전에 감추어진 신비가 바울을 통해 계시된 것이다(엡 3장). 이제 교회 시대가 끝나면(롬 11:25) 우리는 들림을 받고(살전 4:14-17, 고전 15:51-54), 그 이후 대환란이 시작되는 것이다. 이 때에 하나님께서는 새로운 방법으로 사람들을 다루기 시작하신다.

8. 환란 시대 (7년 대환란)

이후 시작되는 7년의 대환란 시대(단 8:13,14; 9:25-27)에는 무릎 꿇고 "주님, 용서하여 주십시오."라고만 해서는 구원받지 못한다. 교회는 셋째 하늘로 올라가 버렸으므로 어떤 사람도 교회의 지체가 될 수 없다. 성령이 없으면 그리스도인이 될 수 없다. 성령이 안 계시는 사람들만 있는 이 세상이 얼마나 악할 것인지 상상할 수 있겠는가? 성령이 없는 사람들이 전쟁을 일으켰고, 유대인을 대량 살상했으며, 종교의 박해로 많은 사람들을 죽였다. 일본의 군국주의, 공산주의 만행은 어떠했는가? 모두 성령이 없는 사람들의 만행이었던 것이다. 성령이 없는 사람은 마귀의 자녀들이다. 당신 안에는 성령님이 내주하시는가? 성령이 없는 사람은 대환란을 겪어야 한다. 대환란을 겪으면서 살아남을 사람이 있을 것 같은가? 이 시대에 복음이 반복되어서 전파되는 이유는 사람들로 복음을 믿어 구원받고 대환란을 겪지 말라는 것이다.

『그러자 그 용이 여인[이스라엘]에게 분노하여 여인의 씨[이스라엘] 가운데 남은 자들, 즉 하나님의 계명들을 지키며 예수 그리스도의 증거를 가진 자들과 싸우려고 나가더라』(계 12:17, 여인이 이스라엘인 이유는 계 12:1과 창 37:9을 비교).

『여기에 성도들의 인내가 있으며 여기에 하나님의 계명들과 예수의 믿음을 지키는 자들이 있느니라』(계 14:12).

만일 여러분에게 "믿음에다 계명을 지키라"고 하면 어떻겠는가? 지금 이 시대에서는 계명을 지킬 필요가 없지만 대환란 때에는 "계명"과 "믿음"을 지켜야 한다. 누군가 만일 지금 이 시대에 "여러분, 예수 그리스도를 믿음으로 구원받습니다. 하지만 계명도 조금은 지켜야 합니다."라고 한다면 그 사람은 갈라디아서 1:8에 따라 "저주"를 받게 된다. 왜냐하면 그 사람은 이 시대의 복음이 아닌 다른 복음(환란 시대의 복음)을 전하고 있기 때문이다. 교회 시대에는 믿음으로 받는 은혜의 복음만을 전해야 한다. 순복음이란 성경에 없다.

환란의 때를 "야곱의 고난의 때"라 하는데(렘 30:7), 야곱은

"유대인," 즉 아브라함의 육신의 씨로 낳은 사람이다. 바로 이 기간이 다니엘의 70째 주라고 한다. 다니엘의 69주까지는 십자가 이전에 완성되었다. 그리고 교회 시대가 끝나면 즉시 70째 주가 시작된다.

『칠십 주가 네 백성과 네 거룩한 도성에 정해졌나니, 허물을 끝내고 죄들을 종결시키며 죄악에 화해를 이루고 영원한 의를 가져오며 그 환상과 예언을 봉인하고 지극히 거룩한 이에게 기름부으려 함이라. 그러므로 알고 깨달으라. 예루살렘을 복원하고 건축하라는 그 명령이 나오는 때부터 메시아 통치자까지 칠 주와 육십이 주가 될 것이요, 그 거리와 그 성벽이 재건되리니, 곧 고난스런 때들이라. 육십이 주 후에는 메시아가 끊어질 것이나 자신을 위해서가 아니요, 또 장차 올 그 통치자의 백성이 도성과 성소를 파괴하리니 그 끝은 홍수로 뒤덮일 것이요 그 전쟁의 끝에는 황폐함이 정해졌느니라. 그가 많은 사람들과 더불어 한 주 동안 언약을 확정하고, 그 주의 중간에 그가 희생제와 예물을 금지시킬 것이요, 그는 가증함을 확산시킴으로 황폐케 하리니 진멸할 때까지 할 것이며, 정해진 것이 황폐케 한 자에게 쏟아지리라』(단 9:24-27).

여기서 70주가 정해진 대상은 24절에 제시되어 있는 것처럼 "네 백성"(유대인)과 "네 거룩한 도성"(예루살렘)이다. 이 부분은 다니엘의 백성, 즉 유대인들에게 하는 말이다. 그러므로 69주가 이미 끝난 지금, 그리스도인들이 들림받고 난 이후 유대인들과 관련하여 70째 주인 대환란이 시작된다. 자신이 환란을 당할 것에 대해서 걱정하는 사람이 있다면, 이들은 그리스도의 몸 된 교회가 아니거나, 아니면 구원받지 못해서 그리스도 안에서 영원한 보장을 믿지 못하는 자들이다.

환란 때 유대인들은 예수 그리스도를 믿고 계명을 지켜야 구원을 받게 되며, 이를 지키지 못하면 구원을 잃게 된다. 또 이때에 짐승의 표를 받는 사람은 지옥에 가게 된다.

『셋째 천사가 그들을 따라가며 큰 음성으로 말하기를 "누구든지 그 짐승과 그의 형상에게 경배하고 그의 표를 자기 이마나 손에 받는다면 그 역시 하나님의 진노의 포도주를 마시게 되리니, 그것은 그의 진노의 잔에 혼합하지 않고 부은 것이니라. 또 그 사람은 거룩한 천사들의 면전과 어린양의 면전에서 불과 유황으로 고통을 받으리니』(계 14:9,10).

그리스도를 믿는다 할지라도 짐승의 표를 받으면 지옥에

간다. 다시 말해서 환란 성도들은 구원을 잃어버릴 수 있다. 여기서 교회 시대의 "성도들"과 환란 성도들을 구분해야 한다. 왜냐하면 성도(그리스도인)들은 이미 올라가 "그리스도의 심판석"(고전 3:12-15, 고후 5:10, 롬 14:10)에서 상급에 대한 심판을 받고 있기 때문이다. 성도들은 예수 그리스도와 혼인을 하고 예수 그리스도와 함께 재림하게 되며, 이때까지 "환란 시대"는 계속된다. 왜 그리스도인들이 복음을 전하려고 애쓰는지 알겠는가? 그리스도의 복음을 부끄럽게 여기는 자들은 그리스도인이 아니다. 그리스도의 복음을 전하지 않는 교회들은 교회가 아니다. 그들은 구령하지 않고 전도라고 하며 사람들을 자기 교회로 데려와 돈 내게 하는 짓을 하고 있다. 요즘 세상에 나가서 설교하면 그런 교회들 때문에 세상 사람들로부터 오해를 받게 만들고 있다. 그래도 복음을 소중히 여기는 성도들은 마귀에게 놓여 있는 혼들을 그리스도께로 이겨 와야 한다.

대환란의 참혹함은 말로 표현할 수 없을 만큼 크다. 예수님께서도 유사 이래 전무후무한 사건이라고 말씀하셨다(마 24:21). 전쟁이 일어나 민족이 민족을 대적하고 나라가 나라를 대적하여 일어나겠으며 기근, 전염병, 지진이 여러 곳에서 있을 것이다. 그러나 이 모든 것이 겨우 고통의 시작일 뿐이라고 말씀하셨다(마 24:6-8). 의식 있는 사람은 대환란을 통과하지 말라고 요한계시록에서는 네 번이나 반복해서 경고하고 있다. 이것들은 인장, 나팔, 호리병, 적그리스도의 활동 등이다. 어떤 엉터리 신학자들은 교회가 대환란을 통과한다고 거짓말하고 있다. 구원받은 그리스도의 몸이 대환란을 통과해야 할 이유는 단 한 가지도 없다. 만약 교회가 환란을 통과한다면 왜 복음을 믿어 구원을 받겠는가? [저자의 〈휴거와 재림〉(말씀보존학회) 참조]

9. 이스라엘 집과 유다 집과의 "새 언약" (천년왕국)

이제 "천년왕국"이라는 또 다른 하나님의 경영 방침이 나타난다. 천년왕국이 시작되면 예수 그리스도께서 실제로 이 땅 예루살렘에서 성도들에게 지상의 땅을 나누어 주어 다스리는 천국이 시작되는 것이다. 사실 "천년왕국"이란 말은 성경에 나오는 말이 아니지만 요한계시록 20:2-7에서 여섯 번에 걸쳐서 "천 년"을 언급하기 때문에 그 누구도 "천 년"이 없다고 말할 수 없다.

『그가 그 용을 잡으니, 곧 마귀요 사탄인 옛 뱀이라. 그를 <u>천 년</u> 동안 묶어 두니 그를 끝없이 깊은 구렁에 던져서 가두고 그 위에 봉인하여 <u>천 년</u>이 찰 때까지는 민족들을 다시는 미혹하지 못하게 하더라. 그후에는 그가 반드시 잠시 동안 풀려나게 되리라. 또 내가 보좌들을 보니, 그들이 그 위에 앉았는데 심판이 그들에게 주어졌더라. 또 예수에 대한 증거와 하나님의 말씀으로 인하여 목베임을 당한 사람들의 혼들도 보았는데, 그들은 그 짐승에게나 그 형상에게 경배하지 아니하였을 뿐만 아니라 그의 표를 그들의 이마 위에나 손에도 받지 아니하였더라. 그러므로 그들은 살아서 그리스도와 함께 천 년을 통치하더라. 그러나 죽은 자들 가운데서 그 나머지는 천 년이 끝날 때까지 다시 살지 못하리라. 이것이 첫 번째 부활이라. 첫 번째 부활에 참여하는 자는 복되고 거룩하도다. 둘째 사망이 그들을 다스리는 권세가 없고, 오히려 그들이 하나님과 그리스도의 제사장들이 되어 천 년 동안 그와 함께 통치하리라. 그 천 년이 끝나면 사탄이 그의 감옥에서 풀려나』(계 20:2-7).

그럼에도 불구하고 많은 학자들은 이 기간이 실제적인 천 년이 아니고 그냥 일반적인 기간이거나 영적인 것을 상징할 뿐이라고 말한다. 그렇다면 구약에 예언된 것처럼 예수 그리스도께서 처녀에게 잉태되시거나, 은 30개에 팔리는 것, 나무에 매달리는 것, 뼈가 꺾이지 않는 것, 삼 일 만에 부활하시는 것 등이 영적이란 말인가? 성경을 믿지 못하는 사람들은 언제나 스스로를 영적으로 여기고 자기가 하는 해석을 좋아하기 때문에, 그들에게는 성경이 틀려도 상관이 없다. 그저 의미만 전달되면 되기 때문이다. 만일 그리스도께서 삼 일 만에 부활하시지 않고 능력이 있으셔서 예언을 무시하시고 이틀 만에 부활하셨다면 당신은 그 예수를 믿겠는가? 또 로마 제국의 처형 방법인 십자가에 매달지 않고 유대인 방법인 돌로 쳐죽임을 당했더라면 그 예수를 믿겠는가? 당신 앞에서 누군가가 죽은 사람을 살리고 병을 고치다가 금 30개에 팔렸다면 그를 따르겠는가? 나는 그 예수를 결코 믿지 않을 것이다. 그는 훌륭한 선각자는 될지언정 "성경에 기록된," 나를 위해 죽으신 그분은 아니기 때문이다.

천 년을 여섯 번 언급하신 이유는 아담에서부터 주님의 재림까지의 기간이 6,000년이라는 것을 가르쳐 주기 위함이라고 생각된다. 아담부터 예수 그리스도까지가 4,000년이고 십자가 사건 이후 재림까지가 2,000년이라고 알고 또 소망하지만, 지금 우리가 쓰고 있는 달력이 여러 가지 복잡한 원인에 의해 틀려 있으므로 과연 지금이 2004년인지 정확히 알 수가 없다. 로마 황제 중에서 어떤 교만한 자는 8년마다 날짜를 건너뛰는 제도를 만들었고, 심지어 1500년 교황 그레고리도 10일을 빼어버려서 (1년을 355일로 만들었다.) 10월 4일이 될 것을 10월

15일이 되게 한 일이 있었다. 그래서 지금의 달력이 정확한지 부정확한지 우리는 확신할 수 없다. 글쎄 인간이 날짜를 빼고 더하는 것은 하나님께서 어떻게 생각하실지 모르겠지만, 어쨌든 그렇게 해서 아무도 주님이 오실 날짜를 모르게 하셨는지도 모르겠다.

주님을 사랑하지 않는 사람들이나 구원받지 않은 사람들은 주님이 오시는 휴거나 재림을 싫어하겠지만, 구원받은 우리에게는 주님이 오셔야 우리가 더 이상 주님을 실망시키거나 낙심하고 죄를 짓는 일이 없어질 것이다.

주님이 오신 후에는 과거에 체결한 언약과는 전혀 다른 언약을 체결하신다. 바로 이 시기에는 유대인들이 메시아에게로 돌이켜서 회복되는 것이다(행 1:6). 주님이 오시면 자기 백성 유대인과 새 언약을 체결하실 것이기 때문이다.

『형제들아, 너희가 스스로 지혜 있는 체하지 않게 하기 위하여 이 신비를 너희가 모르기를 내가 원치 아니하노니 이는 이방인들의 충만함이 차기까지는 이스라엘의 일부가 완고하게 된 것이라. 그리하여 온 이스라엘이 구원을 받으리라. 기록된 바 "구원자가 시온에서 와서 야곱에게서 경건치 아니한 것을 제거하리라. 이는 내가 그들의 죄들을 없앨 때 그들에 대한 나의 언약이 이것임이니라." 함과 같으니라』(롬 11:25-27).

이 구절에서 하나님께서는 그의 백성인 이스라엘을 완전히 제거해 버리지 않으셨다는 것을 알 수 있다. 먼저 야곱, 즉 이스라엘의 경건치 아니한 것을 제거하는 환란을 거친 후에 이스라엘은 모두 구원을 받게 된다. 이스라엘을 회복시키겠다는 하나님의 약속이며 또 결의이시다. 대환란이란 기본적으로 이스라엘에게 내려진 하나님의 심판이다. 성경을 믿지 않는 로마카톨릭과 일부 개신 교회들은 하나님께서 이스라엘은 완전히 끝내시고 아브라함과 이삭과 야곱에게 주신 복을 교회로 넘겨주셨다고 거짓말하며 성경을 영적으로 해석하여 그리스도의 재림과 이스라엘의 회복을 무시하고 이 땅에 예수 그리스도 없는 지상 왕국을 세우기 위하여 무천년 혹은 후천년 종말론을 만들어 가르치고 있다. 그러나 성경은 주님께서 오셔서 실제적인 천년왕국을 세우시고 이스라엘에게 다시 기회를 주시겠다고 성경 여러 곳에서 말씀하고 있다. 이사야 49:12-23; 60:1-22, 에스겔 36:24-28, 예레미야 30:7, 다니엘 12:1-4, 스카랴 12:9-11, 히브리서 8:9-13, 요한계시록 1:7 등을 보라.

예레미야 31:31-34 『주가 말하노라. 보라 그 날들이 오면 내가 이스라엘 집과 유다 집과 더불어 새 언약을 맺으리니 주가 말하노라. 내가 이집트 땅에서 손으로 그들을 인도하였던 날에 그들의 조상들과 맺은 언약에 따른 것이 아니니, 비록 내가 그들에게 남편이었지만 그들이 나의 언약을 파기하였도다. 주가 말하노라. 그러나 이것이 내가 이스라엘 집과 더불어 맺을 언약이 되리니 그 날들 이후로 나는 내 법을 그들 속에 두며 그들의 마음속에 기록하여 나는 그들의 하나님이 되고 그들은 나의 백성이 되리라. 그러면 그들은 각기 자기 이웃과 각기 자기 형제에게 말하기를 "주를 알라."고 더 이상 가르치지 아니하리니 이는 그들 모두가, 즉 그들 가운데 작은 자로부터 큰 자에 이르기까지 나를 알게 될 것이기 때문이요, 내가 그들의 죄악을 용서할 것이며 그들의 죄를 더 이상 기억하지 아니할 것임이라. 주가 말하노라.』(히 8:8-13의 내용과 동일)

하나님께서 유대 백성과 새 언약을 맺겠다고 약속하신다. 그런데 이 새 언약을 맺은 이후에는 주님을 증거하거나 주님을 알려 줄 필요가 없다. 왜냐하면 모든 사람이 주를 알 것이기 때문이다. 이것이 오늘날 교회 시대에 적용된다고 생각하는가? "4,700만 우리 국민이 모두 주님을 알고 있으니까 우리는 더 이상 복음을 전할 필요가 없다."고 말할 수 있겠는가? 그러나 예수 그리스도께서 재림하셔서 보좌에 앉으시면 모든 사람이 주를 알기 때문에 더 이상 주님을 믿으라고 할 필요가 없다. 그렇다면 천년왕국 동안에는 어떤 일이 일어날 것인가?

이사야서 11장에는 이렇게 되어 있다.

『가난한 자를 의로 판단하며 세상의 온유한 자를 위해서는 정직으로 책망하리라. 또 그는 그의 입의 막대기로 세상을 치고 자기 입술의 호흡으로 악한 자를 죽일 것이라. 의가 그의 허리띠가 되며, 신실함이 그의 옆구리의 띠가 될 것이니라. 또한 이리가 어린양과 함께 거하며 표범이 새끼 염소와 함께 누울 것이요, 송아지와 어린 사자와 살진 짐승이 함께하며 어린아이가 그들을 이끌리라. 암소와 곰이 함께 먹으며 그것들의 새끼들이 함께 누울 것이요, 사자가 소처럼 짚을 먹으리라. 또 젖먹는 아이가 독사의 구멍에서 장난하며, 젖뗀 아이가 독사의 굴에 손을 넣으리라. 그들은 나의 모든 거룩한 산에서 해치거나 파괴시키지 않으리니 이는 마치 물들이 바다를 덮음같이 세상이 주의 지식으로 충만할 것임이니라』(사 11:4-9).

천년왕국이 도래하면 완벽한 기후 조건이 되어 더 이상 에어컨이나 히터 등이 필요 없어지며 기상을 염려하지 않아도 되고 전염병과 재앙과 사고도 염려할 것이 없게 된다. 왜냐하면 전능하신 창조주께서 통치하시기 때문이다.

동물들이 저주로부터 구원받는다(롬 8:21,22). 즉 에덴의 동산처럼 지내게 된다. 그리고 이방인들은 유대인들로부터 많은 것을 배우게 된다. 이때에는 아담의 육신을 입은 사람들 중 환란을 통과한 사람들은 수명도 연장되어 노아의 때와 같이 오래 살게 될 것이다. 만약에 유대인들이 초림 때 하나님의 말씀에 잘 순종하였더라면 『네가 **주** 너의 하나님의 음성에 열심히 경청하고 내가 오늘 네게 명령하는 그분의 모든 계명들을 지켜 행하면, **주** 너의 하나님께서 너를 땅의 모든 민족들보다 높게 세우시리라.』(신 28:1) 하신 말씀이 이루어졌을 것이다. 그러나 유대인들이 하나님의 말씀에 순종하지 않았기 때문에 이방인들인 우리가 그렇게 많은 축복을 누리게 된 것이다.

> 『그 날에 이새에게서 한 뿌리가 있어 백성의 깃발로 서리니 이방인들이 그것을 찾을 것이며 그의 머무는 자리가 영화로우리라』(사 11:10).

이새는 다윗의 아버지였고 예수 그리스도는 다윗의 씨이다.

이새의 뿌리가 되시는 그분은 백성들에게 표적이 되실 것이며, 이것을 이방인들이 찾을 것이다. 옛 이스라엘의 땅인 카나안이 회복될 것이며(암 9장) 예루살렘 성전이 재건될 것이다(겔 44,45장). 그리고 율법이 다시 회복되어져 안식일과 계명과 절기들이 지켜질 것이다.

『마지막 날들에 주의 전의 산이 산들의 정상에 세워질 것이요, 작은 산들 위에 높아지리니 모든 민족들이 그곳으로 몰려들 것이라. 많은 백성이 가며 말하기를 "너희는 오라, 우리가 주의 산에, 야곱의 하나님의 전에 올라가자. 그리하면 그가 그의 길을 우리에게 가르치실 것이며, 우리는 그의 길에서 행하리니 이는 율법이 시온에서 나오며, 주의 말씀은 예루살렘으로부터 나올 것임이라." 하리라. 그가 모든 민족들 가운데서 심판하시며, 많은 백성을 책망하시리니 그들이 자기 칼들을 두들겨서 보습을 만들며, 자기 창들을 두들겨서 낫을 만들 것이요, 민족이 민족을 대적하여 칼을 들어 올리지 아니할 것이며, 그들이 더 이상 전쟁을 배우지 아니하리라』(사 2:2-4).

지금 유엔이 전쟁을 없애고 평화를 이룩하겠다고 외치고

있다. 유엔 본부 빌딩에 가면 성경을 인용한 비석이 있는데, 『... 그들이 자기 칼들을 두들겨서 보습을 만들며, 자기 창들을 두들겨서 낫을 만들 것이요, 민족이 민족을 대적하여 칼을 들어올리지 아니할 것이며, 그들이 더 이상 전쟁을 배우지 아니하리라.』(사 2:4)이다.

이 내용만 보면 UN은 참으로 평화의 단체라고 생각될 것이다. 그러나 모든 배교한 기독교인들이 그러하듯이 그들은 자신의 입맛에 맞는 한 구절만을 취하여, 자신의 온 정열을 다하여 "하나님의 이름"으로 사탄을 돕는다. 로마카톨릭 교황은 어떤가? 몸도 가누지 못하고 말도 제대로 하지 못하고 그의 손은 메모지 한 장도 제대로 가누지도 못하여 계속 떨면서도 세계 평화를 말하고 있다. 자신이 그리스도의 대리자라고 말했으면 지금 전쟁을 중단시키고 평화를 외쳐야 될 것 아닌가! 예수 그리스도 없이 이 땅에 평화를 가져올 기구나 인물은 없다는 것을 알아야 한다.

그들은 4절을 인용하기에 앞서서 3절을 빼버렸다. 3절에는 『많은 백성이 가며 말하기를 "너희는 오라, 우리가 **주**의 산에, 야곱의 하나님의 전에 올라가자. 그리하면 그가 그의 길을 우리에게 가르치실 것이며, 우리는 그의 길에서 행하리니 이는 율법이 시온에서 나오며, **주**의 말씀은 예루살렘으로부터 나올 것임이라." 하리라.』고 되어 있다. 또 그들은 주께서 오셔서 심판과 책망을 행하신다는 4절의 앞부분도 슬쩍 빼버렸다. 즉 성경은 주께서 재림하셔서 심판과 책망을 하신 이후에야 전쟁이 사라질 것이며 그때에는 주의 율례로 가르치신다고 하셨는데, 유엔은 심판과 책망을 제거해 버리고 평화만을 가져오려고 시도하고 있다.

이들은 예수 그리스도 없이 평화를 이룩하려고 하지만, 우리가 잘 알고 있듯이 1945년 UN이 창설된 이후에 적어도 72개의 큰 전쟁들이 있었으며, 지금도 유고와 러시아와 르완다 내전은 계속되고 있다. 그러나 그리스도께서 재림하셔서 온 세상을 심판하시고 전쟁에서 승리하시어 사탄을 끝없이 깊은 구렁에 가두시기 전에는 이 세상에 평화란 있을 수 없다. 현재는 오직 사탄의 거짓 평화만이 있을 뿐이다.

이 천년왕국 시대에 살고 있는 사람들은 이제 다른 방식으로 살아야 한다. 우리가 알고 있는 마태복음의 산상설교 등이 이때에 교리적으로 적용되는데, 여기서는 믿음도 필요 없다(예수께서 다윗의 보좌에 실제적으로 앉으셔서 사람들에게 보이시기 때문이다). 오직 행위만이 구원의 수단이다.

바로 이 날이 주님께서 가장 관심을 가지고 있는 날이다. 바로 이 때가 하나님의 아들이 보좌에 앉으시는 날이다. 그런데 사람들은 "왕"으로 오실 예수를 기다리고 있는 것이 아니라 크리스마스 날의 "아기 예수"로 장난하고 있다. 아기 예수는 너무나 약하기 때문에 그들 마음대로 데리고 놀 수 있기 때문에 함부로 말한다. 나이를 따지자면 2,000살이나 되는 주님이 아직도 아기로 불리는 까닭이 어디에 있는가? 사람들은 자기들에게 편리한 대상으로 아기 예수만을 들먹거리고 있다. 특히 크리스마스 때면 아기 예수를 만들어 포대기에 싸 놓고 그 아기를 경배의 대상으로 삼고 있다. 이는 자기들이 무슨 짓을 해도 벌받지 않을 것이라고 믿기 때문이다. 예수 그리스도의 초상화에 절하는 것이 우상에게 경배하는 것이듯이 아기 예수에게 절하는 것도 마찬가지이다. 그리스도인이면 재림하는 예수님을 경배하고 기다려야 할 것이다. 재림하시는 예수님에게서는 아기 예수의 흔적은 찾아볼 수 없는 엄격하고 무서운 예수님인 것을 그들은 판별할 능력이 없는 것이다. 그들은 예수님께서 위엄을 가지시고 재림하시는 것을 기다리고 있지 않다. 그들은 나약하게 십자가에서 죽은 사랑의 예수님만을 바라지, 눈은 불꽃처럼 빛나고 발은 놋 같이 단단하고, 그리고 "공의"를 가지고 이 땅을 심판하실 왕이신 예수님은 바라지 않는다(계 1:13-16). 재림 때의 사두개인들(이들은 부활도 천사도 믿지 않았기에 휴거를 부인하는 현대의 자유주의 목사들이나 마찬가지이다.)과 바리새인들(자신들의 권력을 유지하기 위해 예수님의 초림을 거부하였기에 이 땅에 재림하는 그리스도를 믿지 않는 현대의 배도한 종교 지도자들)은 주님을 위해 할 일이 너무 많기 때문에 주님이 오시는 것도 아마 귀찮을 것이다.

『또 내가 하늘이 열린 것을 보니 흰 말이 보이더라. 그 위에 앉으신 분은 신실과 진실이라 불리며 의로 심판하고 싸우시더라. 그의 눈은 불꽃 같고 머리에는 많은 왕관이 있고 또 한 이름이 기록되어 있는데 그 자신 외에는 아무도 모르며 피에 적신 옷을 입었는데 그의 이름은 하나님의 말씀이라고 불리더라』(계 19:11-13). 이것이 재림하시는 예수님의 모습이다. 아기 예수만을 생각한 사람은 구원받지 않았기에 지상에 남게 된다. 주님이 재림하실 때 지상에 남아 있는 사람들은 모두가 주님의 적들인 것이다. 성경으로 거듭나지 않은 자들 안에 진리의 영께서 무엇으로 일깨워 주실 수 있겠는가? 배교는 믿음을 지닌 사람이 믿음을 잃어버린 상태를 말하는 것인데 카톨릭이나 자유주의 교회들은 믿음을 지닌 적도 없었기에 그들을 배교자라고 부를 수도 없다. 그들은 처음부터 그리스도인이 아니었던 것이다.

10. 새 하늘과 새 땅

주님이 천년 동안 세상을 다스리는 통치가 끝나면 사탄은 끝없이 깊은 구렁에서 잠시 풀려나게 된다. 세상은 완전한 공의가 있고 가장 살기가 좋은데 왜 사탄을 풀어 주는가? 이 문제의 해답은 사람의 죄성에 있는 것 같다. 거듭나지 않은 아담의 육신을 가진 백성들 중에는 주님의 공의에 너무나 불만이 쌓여 사탄을 따라 반역을 일으키는 무리들이 있을 것이다. 그래서 천년왕국의 마지막도 커다란 배교(전쟁)로 막을 내린다. 이 전쟁을 일으킨 당사자는 곡과 마곡이라 하며 이후 지구는 완전히 불타 버린다. 바로 이때가 큰 백보좌 심판이 있는 날이다. 그 후에는 요한계시록 21장에서와 같이 새 하늘과 새 땅이 있게 되고 새 예루살렘이 하늘에서 내려온다. 이곳은 구원받은 자들의 민족들로 이루어지며 영원한 축복이 시작된다.

이 "완전한 시대"가 시작되면 영원토록 계속될 것이다. 클라렌스 라킨(Clarence Larkin) 같은 경우는 완전한 시대는 영원한 시대가 시작되기 전에, 신명기 7장의 천 대까지라는 말에 근거해서 약 3만3천 년 정도까지 되지 않을까 추측한다. 여하튼 영원이 시작되기 전인 3만3천 년 동안 다른 축복이 있을지는 잘 모르겠으나, 이때에는 사탄이 완전히 불못에 던져지고 우리는 영원히 그리스도와 함께 살게 될 것이다.

우리가 이렇게 성경을 올바로 나누어서, 해당하는 구절을 정확하게 넣어 해석하면 성경은 아무런 모순이 없다는 것을 알 수 있다. 그래서 올바로 나누어 공부만 한다면 성경에서 어려운 부분이나 모순되는 부분이 잘 해결될 것이다. 성경을 영적으로 해석하거나 억지로 풀 필요가 없다. 말씀은 하나님 자신이다. 하나님을 믿는 것은 곧 말씀을 믿는 것이다. 구원받지 못한 사람들은 성경적 진리의 지식을 받아들이지 않고 믿지도 않는다. 그러므로 그들은 성경을 알지 못한 채, 교회나 다니며 종교 생활을 하고 있을 뿐이다.

4. 성경에서 "모순"으로 보이는 구절들

이제 여러분들에게 몇몇 문제의 구절을 찾아서 어떻게 하면 하나님의 말씀을 올바로 나누는지 예를 들어 보겠다. 먼저, 성경의 모든 구절들은 세 가지로 적용할 수 있는데, 그것은 다음과 같다.

(1) **역사적 적용** : 역사적 사실대로 적용시킨다. 이것은 성경의 사건이 역사의 어느 때에, 어디에서, 어떻게 일이 전개되었는지를 의미한다.

(2) **교리적 적용** : 구원을 받는 방법 등 실제적인 교리로서 적용시킨다. 성경의 모든 구절들은 특정한 사람들에게, 특정한 이유로, 특정한 진리를 가르치기 위해서 기록된 것이다.

(3) **영적 적용** : 성도들의 영적 교훈을 얻기 위해 적용시킨다. 모든 성경이 교리와 책망과 바로잡음과 의로 훈육하기에 유익하기 때문에 성경의 모든 구절은 사람을 바르게 하거나 가르치기 위한 영적 적용이 가능하다. 그러나 여기서는 역사적 적용과 교리적 적용만을 하도록 하겠다.

1. 마태복음 5:22

『내가 너희에게 말하노니, 까닭없이[개역성경에는 삭제] 자기 형제에게 노하는 자는 누구나 심판의 위험에 처하게 될 것이며, 자기 형제에게 라카라 하는 자는 누구나 공회의 위험에 처하게 될 것이요, 또 어리석은 자라 하는 자는 누구나 지옥불의 위험에 처하게 될 것이라.』

혹시 누가 당신에게 바보라는 말을 한 적이 있는가? "멍청아!" "바보야!" 나는 "이 바보 같은 사람아! 멍청아!"라고 여러 번 이야기했다. 그러면 마태복음 5:22에 따르면 심판받을 위험에 처해 있는 것인가? 만일 이 구절이 지구상에 살았던 모든 사람들에게 적용되는 구절이라면 예수님도 노하셨기 때문에 심판을 받을 위험에 처해지게 된다(막 3:5). 여러분이 아시는 바와 같이 주님은 엠마오로 가는 제자들이 잘못 알아들으니까 "이 어리석은 자들아, 선지자들이 말한 모든 것을 마음에 더디 믿는 자들아."라고 하셨다(눅 24:25). 고린도전서 15:36에 보면 부활을 믿지 않는 사람에게 바울이 "너 어리석은 자야"라고 하였는데, 그러면 바울은 지옥에 갈 위험에 처해 있는 것인가? 그런데 어째서 바울은 죽을 때 의의 면류관을 받을 준비가 다 되어 있다고 말했는가?

그는 지옥을 두려워하지 않았다. 당신이 성경을 올바로 나누지 못하여 이 구절을 누구에게 적용시키는지 모르면 자기에게 적용시켜서 심판을 받을까 두려워하게 되는 것이다. 따라서 항상 그 구절이 쓰인 문맥을 잘 파악해서 그 구절이 어떤 상황에서 적용되는지 알아보아야 한다. 성경을 모르면 마귀와 그의 종들에게 속임을 당하게 된다. 속임을 당하게 되면 본인의 믿음이 황폐화되고 가정이 흔들리거나 파괴된다. 마귀의 교회들은 사랑을 말하며 추종하는 세력들로부터 돈을 빼앗는데 그 방법이 교묘하다. 그리스도인이 예수 그리스도를 믿으려면 성경을 알아야 한다. 성경을 알려면 바른 선생으로부터 바른 성경을 배워야 한다. 바른 선생은 돈을 탐내지 않는다.

마태복음 5:22은 전혀 교회 시대에 해당하는 구절이 아니다. 마태복음 5,6,7장을 "산상설교"라고 하는데, 마태복음에는 "천국"이라는 말이 계속해서 나오는 것을 볼 수 있으며, 산상설교도 이 천국을 다루고 있는 내용이라는 것을 알 수 있다. 이 천국에 관해서는 다음에 자세히 다루겠지만 여기서 조금 살펴보면, 천국은 눈에 보이는 나라, 즉 이 땅에 세워질 실제적인 왕국을 의미한다. "Kingdom of Heaven"(천국)은 "Heavenly Kingdom"(하늘나라)와 다르다. "Heavenly"는 하늘을 말하지만 "Heaven"은 물질을 말한다. 즉 땅에 세워질 왕국인 천년왕국을 말한다. 미태복음 5,6,7장에 천국이 나타난 것을 보면 이것은 유대인들에게 새로운 언약이 어떻게 전개될 것인가를 말하고 있는 것이다. 만일 그때 이스라엘 백성이 예수 그리스도를 메시아로 영접했다면 교회 시대는 없었을지도 모른다. 그래서 교회를 "신비"라 했다(엡 3:4-6). 구약에서는 교회가 감추어져 있었다. 유대인들이 예수님을 영접했다면 교회 시대는 없고 바로 환란 시대로 넘어갔을 것이다. 그렇다고 해도 구약의 예언은 한 구절도 틀려지지 않는다. 다만 우리가 교회 시대를 알고 있으므로 "아, 그것이 교회 시대의 유형이구나."라고 말할 수 있을 따름이다.

주님은 천국에서 해야 할 일들을 마태복음에서 말씀하고 계신다. 그래서 이 왕께서는 모세의 율법보다 더 엄격하게, 바리새인이나 서기관들보다 더 의로워야 천국에 들어갈 수 있다고 말씀하고 계신다. 곧 천국은 더욱더 엄격한 법으로 다스린다는 것을 말씀하고 계시는 것이다.

개역한글판성경을 위시하여 모든 알렉산드리아 계열의 사본들은 마태복음 5:22에서 "까닭없이"라는 말을 삭제하여, 천년왕국에서마저도 예수님을 죄인으로 정죄하여 지옥 불에 넣게 만든다(막 3:5, "주께서 노하셔서"). 아마도 이러한 구절이 노해야 할 일에도 노하지 않으려고 하는 위선자를 만드는지도 모르겠다.

『너희는 옛사람들이 말했던 바 '너는 간음하지 말지니라.'고 한 것을 들었으나, 내가 너희에게 말하노니, 음욕을 품고 여자를 바라보는 자는 누구나 그의 마음으로 그녀와 더불어 이미 간음하였느니라』(마 5:27,28).

천년왕국에서의 규례는 모세의 율법보다 더욱 엄격하다. 이 구절을 교회 시대에 적용하면 큰 일이 날 것이다. 이것은 천년왕국이다. 예수님께서 이 땅에서 왕으로 통치하시는 때에는 형제들에게 "까닭없이" 노하거나 바보(라카)라고 하지 않는 것이 좋을 것이다. 이때는 완전히 의로운 왕국이기 때문에 그런 사람은 눈에 보이는 지옥불에 던져진다. (물론 이 시대에 구원받아 "그리스도의 몸" 안에 들어온 성도들은 천년왕국에서의 이러한 일들을 걱정할 필요가 없다.)

결론적으로 마태복음 5,6,7장은 "교리적"으로 교회 시대에 적용해서는 안 된다. 물론 영적으로는 얼마든지 교훈을 얻을 수 있다. 욕정을 가지고 어떤 여인을 쳐다보지 않는 것이 좋을 것이다. 그러나 혹시 연약해서 그런 일을 했더라도 지옥에 가지는 않는다. 자기 죄를 자백하고 용서받으면 된다(요일 1:9). 그렇다고 해서 죄짓고 자백하고 죄짓고 자백하는 것을 생활로 여기지는 말라. 은혜를 욕되게 하는 자는 양심이 죽어 있는지도 모른다.

2. "주기도문"

> 마태복음 6:12-14 『우리가 우리에게 빚진 자들을 용서하는 것같이 우리의 빚진 것들도 용서해 주시오며, 우리를 시험에 들게 하지 마시옵고, 악에서 구하여 주시옵소서. 그 왕국과 권세와 영광이 영원토록 아버지의 것이옵니다. 아멘.' 만일 너희가 사람들의 허물을 용서하면 하늘에 계신 너희 아버지께서도 너희를 용서하실 것이니라.』

"주기도문"이라고 하는 이 기도는 예수님이 유대인 제자들에게 가르쳐 주신 기도이다. 이것을 마치 주님의 기도인 것처럼 교회에서 예배 때마다 습관적으로 암송하고 있는데, 지각을 가진 사람들이라면 좀 생각해 봐야 할 일이다.

첫째, "주기도문"(the Lord's Prayer)이라고 하는 이 기도는 주님의 기도가 아니라 "제자들의 기도"(Disciples' Prayer)이다.

둘째, 예수님이 제자들에게 기도할 때 주의하라고 하신 것은 헛된 반복을 되풀이하지 말라(마 6:7)는 것이었다. 헛된 반복을 되풀이하는 것은 이교도들이 알지 못하는 신에게 하는 것이므로 그런 짓을 닮지 말라는 뜻이다. 구하기 전에 이미 아버지께서 알고 계시기 때문에 말을 많이 해야 들으실 줄로 착각한 이교도들, 즉 하나님 아버지와 아무런 관계도 맺지 못한 자들처럼 하지 말라고 하신 것이다.

소위 주기도문의 참 뜻은 이렇다. 당신이 다른 사람들의 죄를 용서하여 주고 당신의 죄를 용서받았는가? 만약 수없이 많이 불평하고 용서하지 않았다면 당신의 죄는 아직 용서되지 않은 것이다. 그런데 바울은 교회 시대 교리로서 우리의 죄들은 완전히 "단번에 십자가에서 용서된 것"을 말하고 있다(엡 2:8,9, 히 10:10-14, 벧전 1:23-25). 그리스도인들에게 영적인 교훈을 주기 위해 얼마든지 설교할 수 있다. 실제로 그리스도인들이 형제의 죄를 용서하지 않고 기도를 드린다면 아마도 잘 되지 않을 것이다. 그러나 이렇게 얼마든지 영적으로 적용할 수는 있지만 이것은 분명히 환란 시대에 교리적으로 적용되는 것이다.

① 여기서 "우리 아버지"란 유대인의 용어이다. 유대인들은 "나의 아버지"라 하지 않고 "우리 아버지"라 말한다.

② 아버지의 나라, 즉 "왕국"이 임하기를 기도하고 있다.

③ 일용할 양식을 달라고 하는데, 이것은 마태복음 6:31에서 무엇을 먹을까 염려하지 말라고 하는 것과 일치한다. 즉 환란 때 짐승의 표를 받지 않은 자는 식량을 구하지 못하기 때문에 이렇게 기도해야 한다.

④ "악에서 구하여 달라"고 하는데, 이것은 적그리스도의 통치하에서 구해 달라는 것이다.

3. 용서받을 수 없는 죄

마태복음 12:31,32『그러므로 내가 너희에게 말하노니, 각종 죄와 모독은 사람들에게 용서가 되나, 성령을 거스르는 모독은 사람들에게 용서될 수 없느니라. 또 누구든지 인자를 거슬러 말하는 자는 용서받을 수 있어도 누구든지 성령을 거슬러 말하는 자는 용서받을 수 없느니라. 이는 이 세상에서나 오는 세상에서도 마찬가지니라.』

만일 우리가 오순절 교회나 다른 교파의 형제들이 “방언”하는 것을 비판하면, 그들은 “너희는 성령을 모독했다.”라고 말한다. 그러나 성경에서는 정말 성령을 모독하는 것이 무엇인가를 밝혀 주고 있다.

> 『성령을 거슬러 모독하는 자는 결코 용서받지 못하고, 영원한 정죄의 위험에 처하리라.”고 하시더라. 이는 그들이 말하기를 “그가 더러운 영을 지녔다.”고 함이더라』(막 3:29,30).

마가복음 3:30에 의하면 성령을 모독하는 것은 “예수님이 더러운 영을 지녔다.”라고 말하는 것이다. 우리는 교회 시대에 살고 있으면서 이런 죄를 짓고 싶어도 지을 수 없다. 왜냐하면 성령을 거스리려면 예수님을 앞에 놓고 그 예수님께 “악한 영을 지녔다.”라고 해야 되는데 예수님은 지금 셋째 하늘에 계시기 때문이다. 따라서 성경을 올바로 나누어서 보면 문제되는 구절이 없게 된다. 오순절 교회들은 예수 그리스도를 배제한 채 늘 성령만 외치고 있다. 성령회 대회나 성시화 대회를 하거나 성령이여 오시옵소서 하는 자들은 물론 성령이 내주하지 않았음을 공공연하게 드러내고 있다. 성령을 가장 잘 알고 있는 체 하는 이들이 사실은 성령을 가장 잘 모르고 있는 것이다. 성령은 스스로를 말씀하지 않으신다(요 16:13)는 사실조차도 모르고 있다. "성령으로 인도받는다고 주장하는" 사람들이 "성령! 성령!"을 외치면 성령께서 자기 자신을 높이는 것이 된다. 그러나 성령은 예수 그리스도를 높이러 오셨지 자신을 높여달라고 오신 것이 아니다(요 16:14). 그들은 자기들처럼 악령들려 "헛소리"를 하지 않으면 성령을 모독한 줄로 알고 있다. 그러나 오히려 성령의 존재와 역사를 모르고 "헛소리"를 하면 성령을 거스르는 것이다. 예수 그리스도가 악령들렸다고 말하는 자들의 죄가 용서받을 수 없는 죄라는 것조차도 모르는 자들이 성령만 외쳐대고 있다. 얼마나 무서운 일인가? 이런 사람들이 누구에게 무엇을 가르치겠는가? 쭉정이는 천 년이 가도 쭉정이일 뿐 알곡으로 변하지 않는다. 쭉정이는 마귀에게 빨렸기 때문에 쭉정이가 된 것이다. 구원받은 사람이면 악령의 미혹으로부터 자신을 지켜야 한다. 그러려면 정신을 차리고 깨어 있어야 한다(벧전 5:8). 성령님은 오순절에 이미 오셔서 믿는 성도들 안에 들어가시어 교회가 되게 하셨다. 성경에서 이른 비와 늦은 비는 들에 곡식을 자라게 하는 비를 말하는 것이지 성령이 내리시는 것을 말하지 않는다. 첫 번째 오순절에 성령님이 강림하신 후로 거의 2천 년이 되었지만 오순절파 교인들이 외치며 기다리고 있는 성령님은 다시 오시지 않았다. 왜냐하면 이미 오셨기 때문이다. 그들은 성령이 오시면 쭉정이 교인들이 늘어나 돈을 벌 수 있다고 생각하나 그것은 그들의 믿음 없는 착각일 뿐이다.

4. 끝까지 견디는 자

마태복음 24:13『그러나 끝까지 견디는 자는 구원을 받으리라.』

여러분들 중에서는 혹 오순절 계통의 교회나 은사주의 교회의 친구들과 교제하다가 이 구절을 가지고 논쟁한 경험이 있을 것이다. "나는 예수 그리스도를 믿어 구원을 받았고, 그 구원은 안전하다."라고 하면 그쪽에서는 "아니야, 이걸 봐! 끝까지 견디어야 하잖아!"라고 한다.

이처럼 교회 시대에는 적용되지 않는 구절을 인용해서 억지로 교회 시대에 적용하여 형제들을 괴롭히는 경우가 종종 있다. 이 구절이 교회 시대에 적용되지 않는다는 것을 아는 사람은 많지 않다. 특별히 이 구절은 여호와의 증인들이 가장 좋아하는 구절 중 하나이다. 본문의 의미를 잘 알기 위해서 마태복음 24장의 문맥을 확인해 보자.

15 그러므로 너희가 선지자 다니엘을 통하여 말씀하신
멸망의 가증한 것이 거룩한 곳에 선 것을 보리니,
(읽는 자는 깨달으라.)

→ *지금 멸망의 가증한 것이 예루살렘에 있는가?*

16 그때에 유대에 있는 자들은 산들로 도망하라.

→ *어디에 있는 자들인가? 한국에 있는 자들에게 말한 것인가?*

20 너희는 피난하는 일이 겨울에나 안식일에 일어나지
않도록 기도하라.

→ *당신은 안식일을 지키고 있으며 이것에 관하여 기도하고 있는가?*

21 이는 그때에 대환란이 있으리니, 그와 같은 것은 세
상이 시작된 이후로 지금까지 없었으며, 또 결코
없을 것이기 때문이라.

→ *지금이 대환란인가?*

29 그 날들의 환란 후에 즉시 해가 어두워지며, 달이
그 빛을 내지 아니하며, 별들이 하늘에서 떨어지고,
또 하늘들의 권능들이 흔들릴 것이라.

→ *밖을 내다보라!*

30 그후에 하늘에 있는 인자의 표적이 나타나리니, 땅
의 모든 지파들이 통곡할 것이며, 또 그들은 인자가 권

세가 큰 영광으로 하늘의 구름을 타고 오는 것을 보리라.

→ *예수님이 지금 내려오시는가?*

이 구절을 읽고도 이것이 어느 시대에 해당하는 이야기인 줄 알지 못하는가? 본문은 환란, 환란 시대를 이야기하고 있다. 하지만 한글을 읽지 못하는지, 종종 이 구절이 "지금 우리 그리스도인들에게" 해당된다고 말하는 사람들이 있음을 명심하자. 이 환란 시대에는 끝까지 견디어야 구원을 받는다. 우리는 그리스도인들이다. 믿음으로 완전한 승리를 거둔 사람들이다.

마태복음 24:13의 『그러나 끝까지 견디는 자는 구원을 받으리라.』는 것은 오늘날 그리스도인들과는 전혀 상관이 없는 것이다. 왜냐하면 이 구절이 적용되는 시기에는 이미 교회는 하늘로 올라간 뒤이기 때문이다. 우리에게는 끝까지 견디지 않아도 되니 너무나 큰 축복이 아닐 수 없다. 우리가 끝까지 견뎌야 구원을 받는다면 너무도 황당하고 난감할 것이며 무슨 기쁨과 소망이 있겠는가? 그리스도의 복음을 믿고 구원받아 들림받기를 고대하고 있는 성도에게 또다시 끝까지 지키라 한다면 그것이 기쁜 소식이 될 수 있겠는가?

히브리서 3:6 『그리스도는 자기 자신의 집을 맡은

아들이니, 만일 우리가 확신과 소망의 기쁨을 끝까지 굳게 붙들면 우리가 그의 집이라.』

이 말씀대로 우리는 "끝까지 굳게 붙들면" 그의 집인가? 바울의 서신에는 그런 말이 없다.

히브리서에는 마태복음 24:13과 같은 "끝까지"라는 말이 여러 번 나온다. 만일 오순절 계통의 친구가 "구원을 잃어버릴 수 있다."라고 이야기하면, "혹시, 친구, 구원을 잃어버리지 않았습니까?"라고 질문해 보라. 만일 "예전에 죄를 지어 타락해서 잃어버린 적이 있다"라고 말한다면, "구원을 어떻게 되찾았는지 알려 달라."고 해 보라. 그러면 다시 회개하고 예수님을 다시 영접했다고 할 것이다.

그러면 다시 히브리서 6:4-6을 보여 주라.

『한 번 깨우침을 받고 하늘의 선물을 맛보며, 성령의 동참자가 되고 하나님의 선한 말씀과 오는 세상의 능력을 맛본 자들이 만약 떨어져 나간다면 다시 새롭게 하여 회개시킬 수 없나니, 이는 그들이 스스로 하나님의 아들을 다시 십자가에 못박아 공개적으로 조롱함이라.』

"형제님, 이 구절을 보니까 한 번 믿었다가 떨어져 나간 사람들은 다시 회개할 수 없다고 했는데, 어떻게 다시 예수님을 영접했습니까?"라고 물어보라. 주님의 말씀은 떨어져 나간 사람은 다시 구원을 받을 수 없다고 말한다. 혹시 바울이 떨어져 나간 사람을 구원하라는 말을 한 적이 있는가? 고린도전서에서 바울은 범죄해서 떨어져 나간 사람들이 회개를 하면 다시 받아주라고 했다. 그 말씀을 보면 이 말씀과 모순이 되는 것을 알 수 있다.

먼저 히브리서의 제목을 보면 이 서신이 교회 시대와는 관계가 없다는 것을 알 수 있다. 히브리서는 교회 시대와 환란 시대를 연결해 주는 "과도기적 서신"으로, 어느 부분들은 교회 시대에 적용이 가능하나 상당수 부분들은 교회 시대에 적용되지 않는 구절들이다. 그러므로 앞에서도 말했듯이 성경의 모든 구절을 교리로 적용해선 안 된다. 영적 적용은 할 수 있어도 교리가 되지는 않는다. 본문은 히브리인들에게 기록한 히브리서이다. 환란 때 구원받은 히브리인들은 비록 성령의 동참자였다 할지라도 끝까지 견디지 못하면 구원을 잃어버릴 위험에 처할 수 있다는 말이다. 환란 시대는 구약 시대와 마찬가지로 성령께서 구원받은 사람에게서 떠나실 수 있다. 교회 시대는 교회가 역사의 중심이지만 환란 시대는 구약 시대처럼 유대인이 역사의 중심이 된다. 이 때를 은혜의 시대와 동일시하지 말라. 환란 시대는 율법의 효력이 발휘된다는 점을 알아야 한다. 그러므로 안식일과 성전 경배가 부활된다. 천년왕국에서도 마찬가지이다.

베드로후서 2:20-22『만일 그들이 주 곧 구주 예수 그리스도를 아는 지식을 통해 세상의 오염에서 피했다가 다시 거기에 말려들고 패배하면 그들의 나중 결과가 처음보다 더 악화되나니, 의의 길을 알고 난 뒤에 그들에게 전수된 거룩한 계명을 저버리는 것보다는 알지 못했던 편이 더 나았으리라. 그러나 참된 잠언대로 그들에게 이루어진 것이니 "개는 그 자신이 토해 낸 것으로 다시 돌아가고 또 돼지는 씻고 나서 그녀의 진창 속에서 뒹군다." 하였도다.』

어떤 사람들이 와서 "주님을 알았다가 세상으로 다시 타락한 형제가 있다면 그는 오히려 주님을 몰랐던 것이 나았을 것이다."라고 말하는 경우가 있다. 그런데 이 구절만 보면 그 형제 말이 옳은 것 같다. 그러나 성경을 좀 더 자세히 보자.

『그러나 백성 가운데도 거짓 선지자들이 있었던 것처럼 너희 가운데도 거짓 교사들이 있으리라. 그들은 저주받을 이단들을 비밀리에 불러들여서 자기들을 사신 주를 부인하기까지 하며, 급격한 파멸을 스스로 불러들이느니라』(벧후 2:1).

이 말씀으로 미루어 보아 베드로후서 2:20-22의 문맥은 "거짓 선지자들"과 "거짓 교사들"에 관한 것임을 알 수 있다. 베드로후서 2:20의 "그들"은 세상으로 "타락한 그리스도인들"을 이야기한 것이 아니다. 예수 그리스도의 보혈로 자기 죄가 씻겨진 사람의 양심은 죄에 대해 예민하게 반응하는 반면, 자기 의로 죄를 씻었다고 여기는 사람은 자기 기준에 따라 죄가 달라진다. 어떤 것은 죄가 되기도 하고 어떤 것은 죄가 안 되기도 하는 것이다. 하나님의 말씀을 심히 왜곡하고 거짓 교리를 가르치면서도 하나님의 일을 한다고 여긴 거짓 교사들은 개라고 불리는데 대개 남자를 말하고, 돼지란 여자들을 말한다. 요즘 여자 목사들은 씻고 나서 진창에서 뒹구는 돼지와 같은 것이다.

5. 현명한 다섯 처녀와 어리석은 다섯 처녀

마태복음 25:1-13에는 현명한 다섯 처녀와 어리석은 다섯 처녀가 나온다. 열 명이 부르심을 받았는데 다섯 처녀는 부르심에 응하지 못했다. 그래서 다섯 처녀들이 혼인 잔치에 참여하는 것이 막혔다.

마태복음 25장에서 예수 그리스도께서 다시 오실 때 참여하지 못한 자는 어리석은 자라고 한다. 이 구절은 예수 그리스도의 재림 때 해당하는 구절이다. 그러나 이것을 휴거로 착각해서 적용하려는 사람들이 많다. 하지만 성경에서 그리스도인들을 "신부"라고 한 적은 있어도 "처녀들"이라고 부른 적은 한 번도 없다. 그리고 이들은 혼인 잔치의 "손님"이지 혼인하러 가는 "신부"가 아니다. 이때는 구원을 받으려면 기름으로 상징되는 성령을 가지고 있어야 하며, 행함이 필요하다. 예수님이 처녀들과 혼인하신다면 일부다처제가 된다는 것을 알라.

야고보서 2:24의 『...사람이 행함으로써 의롭게 되는 것이요, 믿음으로만 되는 것이 아니니라.』는 구절은 로마서 말씀과 반대되는 구절이다. 당신은 이것이 그리스도인을 대상으로 기록하고 있지 않음을 21절에서 알 수 있다. 『우리의 조상 아브라함이 자기 아들 이삭을 제단에 드렸을 때, 그가 행함으로 말미암아 의롭게 되지 아니하였느냐?』 "우리의 조상 아브라함"이란 구절로서 이것은 유대인에게 하는 것임을 알 수 있다.

야고보서 1:1에서 보면 『하나님과 주 예수 그리스도의 종 야고보는 널리 흩어져 있는 열두 지파에게 문안하노라.』고 되어 있다. 여러분은 성경을 읽다가 가끔 "어, 여기 보니 행함으로 구원을 받는구나."라고 생각할 때가 있을 것이다. 그럴 때는 이것이 언제, 누구를 위해 기록되었는가를 생각해 보아야 한다. 성경은 아주 명확하게 쓰여졌기 때문에 어느 구절을 어느 때, 어느 사람에게 적용하는지 알 수 있다. 거의 모든 이단들은 마태복음과 히브리서, 야고보서, 그리고 요한계시록에서 나온다. 왜냐하면 그 서신들이 유대인과 관계된 것임에도 불구하고 교회에게나 자신에게 쓰여진 것처럼 사사로이 해석하여 적용하기 때문이다. 요한 웨슬리는 위대한 설교자로 주님께 귀히 쓰임받는 주의 종이었다. 그렇다고 해서 그가 성경의 모든 부면에 탁월한 지식을 가진 것은 아니었다. 그리스도인들은 성경을 보고 나아가야지 어떤 사람을 보고 따라가서는 안 된다.

6. 아브라함의 믿음

여기서 살펴보고자 하는 것은 사람들이 상당히 오해하는 구절 중 하나이다.

> 갈라디아서 3:8-11『성경은 하나님께서 이방인들을 믿음으로 말미암아 의롭게 하실 것을 미리 보고 먼저

아브라함에게 복음을 전파하기를 "네 안에서 모든 민족이 복을 받으리라."고 하였느니라. 그러므로 믿음으로 난 사람들은 믿음이 있는 아브라함과 더불어 복을 받느니라. 율법의 행위로 난 자들은 누구든지 저주 아래 있느니라. 기록되기를 "행하도록 율법책에 기록된 모든 것을 계속해서 행하지 않는 자는 누구나 저주를 받느니라."고 하였음이라. 따라서 하나님 앞에서 율법으로 의롭게 되는 사람은 아무도 없다는 것이 분명하니 이는 "의인은 믿음으로 말미암아 살리라."고 하였음이니라.』

야고보서 2:21-24『우리의 조상 아브라함이 자기 아들 이삭을 제단에 드렸을 때, 그가 행함으로 말미암아 의롭게 되지 아니하였느냐? 믿음이 어떻게 그 행함과 더불어 작용하였으며, 믿음이 행함으로 온전케 되었음을 네가 보느냐? 그리하여 "아브라함이 하나님을 믿으니 그것이 그에게 의로 여겨졌느니라."는 성경이 이루어졌고, 그는 하나님의 친구라 불렸느니라. 이제 너희가 알거니와 사람이 행함으로써 의롭게 되는 것이요, 믿음으로만 되는 것이 아니니라.』

위의 두 구절을 볼 때, 같은 구약의 내용을 인용했는데도 이렇게 내용이 틀릴까 하고 의아하게 생각할 것이다. 하지만 우리가 성경대로 믿는다면 결코 억지로 풀어 멸망에 이르지 않을 것이다(벧후 3:16).

위의 두 사항은 결코 같은 사건을 염두에 두고 기록된 것이 아니다. 먼저 믿음의 조상인 아브라함이 의롭다고 칭함을 받았을 때를 보자.

> 『그를 밖으로 데리고 나가 말씀하시기를 "이제 하늘을 쳐다보고 별들을 셀 수 있다면 그 별들을 세어 보아라." 또 그에게 말씀하시기를 "너의 씨가 이와 같으리라." 하시더라. 아브람이 주를 믿으니 주께서 그것을 그에게 의로 여기셨더라』(창 15:5,6).

먼저 살펴볼 것은 "아브라함이 지금 유대인인가?"이다. 아브라함이 부르심을 받기 전에는 우상 숭배가 득실거리는 곳인 칼데아 우르 지방에 살았던 이방인이었다. 그가 부르심을 받고 나서도 그의 아들 "이스마엘"과 "이삭"과, 그의 손자 "에서"와 "야곱"이 나오는데, 여기서 그의 아들 이스마엘과 그의 손자 에서는 유대인이 아니다. 즉 아브라함이 이방인인 이스마엘과 에서의 조상이 되기 때문에 아브라함은 아직 완전한 유대인이 아니다.

창세기의 이 구절은 이방인인 우리가 믿음으로 의롭다 함을 받는 "예표"인데, 여기서 아브라함은 전혀 행함이 없이 듣고 믿기만 하여 의롭게 되었다. 하나님께서 "너의 씨를 별들과 같이 많이 주겠다."라고 하셨고 아브라함은 그것을 믿어서 의롭다 함을 얻었는데, 여기에 무슨 행위를 더할 수 있겠는가? 여기에는 아직 유대적 개념인 "카나안 땅"이나 "할례"가 나오지 않음을 유의하고, 또 별들은 "하늘"과 관계됨을 주목해야 한다. 왜냐하면 그리스도인들은 하늘과 관계되어 있기 때문이다.

믿음으로 의롭다 함을 받는다고 할 때, 많은 사람들은 야고보서의 "행함이 없는 믿음은 죽은 믿음"이란 구절을 잘못 인용하여 "창세기 15:5,6의 믿음은 행함을 포함한 믿음"이라고 해석하곤 하는데, 야고보서에서조차도 『아브라함이 하나님을 믿으니 그것이 그에게 의로 여겨졌느니라.』(약 2:23)고 말하고 있다. 교회 시대가 아닌 환란 때는 그들에게 믿음과 더불어 행함이 있어야 구원에 이를 수 있다(약 2:22).

그래서 갈라디아서 2:8에는, 성경이 "이방인들"이 믿음으로 의롭게 될 것을 알았다는 말이 언급되지만, 야고보서에는 이방인들 대신 "열두 지파"가 나오는 것이다(약 1:1).

아브라함이 이삭을 제물로 바침으로 의롭다 함을 얻었던 때를 보자. 창세기 22:10에 보면 야고보서에서 인용하는 것처럼 행위로 의롭다 함을 얻는 장면이 나오는데, 아브라함이 이삭을 제단에다 바치는 내용이다. 아브라함은 이 사건 이전에 창세기 17:4-14에서 이미 유대인들의 언약인 할례를 받았다. 그리고 이 할례를 받지 않는 자는 그의 씨에서 끊어지게 된다. 그는 또한 카나안 땅을 약속받았고, 아브람에서 아브라함으로 이름이 바꾸어졌으며, 얼마 후 이스라엘의 조상인 이삭을 낳았다. 그러므로 여기서 인용되는 본문은 "이스라엘"과 관련되어 있음을 알 수 있다. 그 후 유대인들은 아브라함이 순종하는 것과 같이 순종해야 하는 것이다.

야고보는 이스라엘에게 믿음 외에도 순종을 강조한다. 그들은 이방인들과 다르다. 한 분 하나님에 대한 그들의 믿음은 조상 때부터 있었고, 이제 그들에게 필요한 것은 그리스도의 말씀에 순종하는 것이었다.

그래서 스테판은 이스라엘 백성에게 『'주 너희 하나님께서 너희 형제 가운데서 나와 같은 한 선지자를 너희에게 일으키시리니 너희는 그의 말을 들으라.'고 이스라엘 자손에게 말한 그가 이 모세라.』고 말했다(행 7:37). 즉 그들은 예수 그리스도에 대해서 믿음과 순종이 필요했던 것이다. 그러므로 야고보서 2:21에서는 "우리(유대인)의 조상 아브라함"이 나오지만 갈라디아서에는 나오지 않는다.

야고보서와 갈라디아서는 서로 다른 관점으로 다른 사건을 인용하여 다른 시대에 적용하는 것임을 알 수 있다. 이것은 예수님의 초림 때에 역사적으로 적용할 수 있고, 또 교리적으로 환란 시대 때 적용할 수 있다.

7. "침례로 받는 성령"

> 마가복음 16:15-18 『또 주께서 그들에게 말씀하시기를 "너희는 온 세상에 가서 모든 피조물에게 복음을 전파하라. 믿고 침례를 받는 자는 구원을 받을 것이나 믿지 않는 자는 정죄함을 받으리라. 믿는 자들에게는 이러한 표적들이 따르리니, 즉 내 이름으로 그들이 마귀들을 쫓아내고 또 새 방언들로 말하리라. 그들은 뱀들을 집을 것이요, 어떤 독을 마실지라도 결코 해를 입지 않을 것이며, 병자에게 안수하면 그들이 회복되리라."고 하시더라.』

많은 오순절 계통의 교회와 은사주의자들은 16절과 17절만 취하여 "봐라, 믿고 침례를 받는 자는 귀신을 쫓아내고 방언을 말한다고 하지 않았느냐! 이러한 능력을 받으려면 성령세례를 받고 방언해야 한다."라고 주장하며, 방언을 받기 위해 기도회, 집회 등을 끊임없이 갖는다. 하지만 그 다음 구절에서는 당황하는데, 만일 누군가가 "그럼 당신이 믿고 방언을 한다면, 여기 청산가리 한 병 먹어 보시겠어요? 아니면 독사를 한 마리 가져다가 한번 잡아볼래요?"라고 한다면 아마도 질색하여 "아직 믿음이 그 정도는 아닙니다."라든가 "하나님을 시험하면 안 됩니다."라고 말할 것이다.

그러면 당신은 고린도후서 13:5을 읽어 주라. 『너희가 믿음 안에 있는지 너희 자신을 시험하고 스스로 입증하라...』

만일 어떤 사람이 성경을 올바로 믿지 않으면서 믿는 척한다면 사탄이 하나님의 말씀을 가지고 그 사람을 파멸시킬 것이다. 이 구절은 읽는 그대로 사실이다. 다만 "언제," "누구에게" 적용되느냐 하는 것이 문제일 뿐이다.

먼저 이것을 역사적으로 적용해 보자.

마가복음 16:14에서 이 말씀은 "열한 제자"에게 주어진다. 아직까지는 천국복음이 전파되고 있는 시기인데, 이때는 침례를 받아야만 성령을 받을 수 있었다. 이것은 사도행전 2:38에서 베드로가 그들에게 답변하기를 『회개하라. 그리고 죄들을 사함받는 것으로 인하여 너희 각자는 예수 그리스도의 이름으로 침례를 받으라. 그리하면 너희가 성령의 선물을 받으리라.』고 말했던 것과 같은 경우이다.

여기서는 우리가 지금 받는 것처럼 "아버지와 아들과 성령의 이름으로" 침례를 받지 않고, "예수 그리스도의 이름으로" 침례를 받는다는 것에 유의하라. 또 여기서는 회개하고 침례를 받아야 성령을 받을 수 있다. 그렇다면 장로교나 감리교같이 "세례" 주는 곳에서는 단 한 명도 성령을 받지 못했다는 말인가?

마가복음 16:17은 이렇게 성취되었다.

『모든 사람에게 두려움이 임하였으며 사도들을 통하여 많은 이적들과 표적들이 행해지더라』(행 2:43).

여기에 보면 많은 이적들, 즉 앉은뱅이가 일어나고 안수로 병이 낫는, 온갖 이적이 일어난다. 많은 가짜 목사들은 이 성경 말씀을 인용하면서 자신이 하나님의 선택받은 종, 즉 사도인 것처럼 사람들을 미혹한다. 그들은 이러한 구절을 인용하면서 "사도들을 통하여"라는 말은 믿지 않는다. 표적은 사도들을 통해서 이루어졌고, 그 목사들은 사도가 아니다. 또한 표적을 원하는 많은 교인들은 표적이 유대인들을 위한 것임을 모르고 있다. 예수님께서 지상에 계시는 동안 많은 이적들을 행하였음을 우리는 안다. 물로 포도주를 만드신 것에서 시작하여 보리빵 다섯 덩어리와 물고기 두 마리를 가지고 오천 명 이상을 먹이시고 열두 광주리를 남기셨으며 죽은 사람들을 살리시고 심지어 죽은 지 나흘 된 나사로도 살리셨으며 물위를 걷기도 하셨다. 예수님은 자신이 하나님이심을 믿지 않는 유대인들에게 보여 주시기 위하여 이적들을 행하셨다.

예수님께서 승천하시면서 지상에서 복음을 전파하게 하시고 하나님의 뜻을 실행하게 하시려고 사도들에게 표적(Signs)을 행할 수 있는 능력을 주셨다. 고린도후서 12:12은 이 점에 대해 『정녕 사도의 표적들이 너희 가운데서 모든 인내와 표적들과 이적들과 능력 행함으로 판명되었거니와』라고 말씀하고 있다. 주님은 자신의 부활을 증거하는 증인들인 사도들에게 인내와 표적들과 이적들과 능력을 행할 수 있게 하셨던 것이다. 그러나 이 사도들의 표적은 A.D. 66-68년경에 모두 끝났음을 알 수 있다. 열두 제자들과 바울, 바나바, 실라, 디모데, 디도, 빌레몬 등의 사도들은 자신들을 체포하고, 구금하고 죽인 사람들의 손을 피하기 위하여 어떤 능력도 행한 적이 없었다. 그 후 사도 바울은 자기의 동역자인 트로피모가 몸이 아픈지라 밀레토에 남겨 놓고 떠나야 했으며(딤후 4:20) 친자식 같은 디모데에게도 안수해 주지 않고 포도주를 위장약으로 쓰라고 했다(딤전 5:23). 뿐만 아니라 자신도 몸이 아픈 관계로 의사 누가를 대동하고 다녔음을 알 수 있다(딤후 4:11). 은사주의 목사들이 성경을 잘못 해석하여 자기들만이 특별한 은사를 받았다고 하며 거짓 은사를 행하여 돈을 모으는 것은 가증스런 일이다.

고린도전서 1:22『유대인들은 표적을 구하고 헬라인 들은 지혜를 찾지만』

또 성경은『율법에 기록되기를 "주가 말하노라. 내가 이 백성[유대인]에게 다른 방언들과 다른 입술들을 가진 사람들을 통해 말할 것이지만 그들은 그 모든 것으로도 내게 듣지 않을 것이라."고 하였느니라.』(고전 14:21)고 하신다.

성경을 읽어 보면 알겠지만 항상 유대인들은 그들의 표적에만 의지하는 민족이었다. 그러나 주님께서 그들에게 표적을 보여 주셨을 때 그들은 받아들이지 않았다.

만일 누군가가 예수님이 꿈에 나타나 "나를 믿으라." 하셨다 해서 그리스도를 믿게 되었거나, 방언을 받고 나서 믿게 되었다면, 로마서 10:17에『그러므로 믿음은 들음에서 나오며 들음은 하나님의 말씀에 의해서니라.』고 하셨으므로, 이 구절에 따라 그가 가지고 있는 믿음은 성경에 기록된 믿음이 아닌 것이다. 기분과 감정은 믿음이 아니다. 은사주의 교회들은 회중 찬송으로 기분을 고조시키며 통성 기도로 정신을 혼미하게 만들고 금식하게 하며 신체적으로 무력하게 만들고 잠을 안 재워 판단을 흐리게 만들어 놓고 그런 가운데서 방언을 받으라고 한다. 방언을 하면 성령 침례를 받은 것이라고 가르치는 것은 마귀의 수작이다. 우리 하나님은 화평의 하나님이시지 혼란의 하나님이 아니시기 때문이다(고전 14:33). 이 말씀은 방언을 권장하지 않는 고린도전서 14장에서 주신 지침인 것을 알아야 한다. 매 세대마다 감정을 신앙으로 오인하고 착각한 일단의 무리들이 심심치 않게 등장했다가 교주가 죽으면 사라지곤 했었다.

다시, 18절에서 뱀을 잡는다고 했는데, 이것은 사도행전 28:3, 5에서 『바울이 나무를 한아름 거두어 불에 놓으니 그 열기로 인하여 독사 한 마리가 나와 그의 손에 달라 붙은지라... 그때 그가 그 짐승을 불에 떨어버렸으나 조금도 상처를 입지 않으니라.』고 한 것처럼 이것은 영적이거나 비유적인 것이 아닌 실제적인 것임을 알 수 있다. 성경은 어떤 구절이든지 기록된 대로 믿어야 한다. 이해를 전혀 할 수 없는 구절이라도 다른 성경 구절이 해결해 줄 때까지는 억지로 풀어서는 안 된다. 이러한 표적들은 사도들이 순교함으로써 끝났다.

물론 이 구절들은 교리적으로 대환란 때에 적용하는 것이 가능하다. 대환란 때는 다시 천국복음이 전파될 것이며(이것은 예수님이 통치하신다는 왕국복음을 말한다), 마가복음 16장과 비슷한 상황이 전개될 것이기 때문이다. 그래서 유대인

144,000명은 쑥이 된 물을 먹어도 죽지 않을 것이며(계 8:11; 9:4) 온 유대인들에게 다시 천국복음이 전파될 것이며, 그들은 다른 나라의 언어들(방언)을 구사하게 될 것이다.

오늘날 많은 거짓 목사들은 자신들이 사도인 것처럼 흉내를 내고, 자신들도 실행하지 못하는 교리를 가져다 가르치고 있다. 만일 사람들이 성경을 믿지 않고 사람의 권위나 말을 믿는다면 그들은 지옥의 파멸로 가기에 충분할 것이다.

이외에 더 많은 구절이 있지만 우리가 지금 분명히 알아야 할 것은, 하나님께서 교회에게 기록한 바울 서신과 상반되는 내용이 나오면 하나님의 답변은 "성경을 올바로 나누어라."라고 하신다는 것이다. 예수님은 신약 교회의 교리를 가르치지 않으셨다. 주님께서 교회에 관한 계시를 사도 바울에게 주셨으며 바울은 받은 계시대로 14권의 신약성경을 기록하였던 것이다.

이제까지 우리는 우리에게 적용되지 않는 구절, 즉 모순되는 것처럼 보이는 구절을 읽을 때 한 번도 성경 구절을 바꾸거나 영적으로 해석하지 않았다. 단지 말씀에 따라 올바로 나누었을 뿐이다. 만일 교리를 영적으로 해석한다면 성경 말씀을 지우고 그 대신 자신의 해석을 넣는 것이 훨씬 나을 것이다. 〈킹제임스성경〉을 공부하지 않은 신학자들을 따라가면 성경을 깨닫기보다는 오히려 혼미해짐을 알게 된다.

만일 하나님의 말씀 대신 인간의 생각을 넣은 의역성경이나 변개된 성경을 공부한다면 어느 구절이 어느 때 적용되는지 알지 못할 뿐 아니라 결국 잘못된 교리를 배우게 될 것이며, 그 사람은 하나님의 말씀을 전혀 믿을 수 없게 될 것이다.

5. 구약과 신약의 차이점

1. 구약과 신약에서의 성령의 역사

어떤 사람들은 구약이나 신약이나 구원받는 방법은 똑같다고 말한다. 그러나 정말 우리가 구약과 신약의 차이점을 올바로 알게 된다면 이 말이 얼마나 어리석은 말인가를 알 수 있을 것이다.

먼저 구약과 신약에서는 성령이 역사하시는 방법이 다르다. 신약 시대에는 성령이 성도 안에 내주하시고 그 성령이 우리를 인치셨다(엡 4:30). 교회 시대의 성도들은 몸이 구속되는 그 날까지 인침을 받은 것이다. 성령으로 인침을 받았다는 것은 담배를 피우거나 술을 마시면 성령이 떠난다는 것이 아니라 우리의 몸이 완전히 구속을 받을 때까지, 죄로 인해 성령이 순간적으로 소멸되는 경우는 있어도(살전 5:19) 성령이 떠나 버리는 경우가 없다는 것이다(롬 8:23, 빌 3:21).

하지만 구약 시대에는 성령이 임하시기도 했고 떠나기도 하셨다.

> 사무엘상 10:10『그들이 그쪽 산에 이르렀을 때, 보라, 선지자의 무리가 그를 만났는데, 하나님의 영이 그[사울]에게 임하니 그가 그들 가운데서 예언하더라.』
>
> 사무엘상 16:14『주의 영이 사울에게서 떠나고 주로부터 온 악령이 그를 괴롭히더라.』

사울의 범죄함으로 말미암아 성령께서 떠나셨다는 사실을 우리는 알 수 있다. 또 시편 51편의 다윗의 회개의 기도에서도 성령께서 떠나시는 것을 알 수 있다.

> 『주의 면전에서 나를 내어쫓지 마시고 주의 거룩한 영을 내게서 거두어 가지 마소서』(시 51:11).

이와 같이 다윗은 성령을 거두지 말아 달라고 기도했다. 우리는 성경 어디에서도 바울이 이런 기도를 드리는 것을 본 적이 없다. 오히려 바울은 성령이 구속의 날까지 인치셨으며, 자신은 오직 상을 위해 달려갈 뿐이라고만 말했다.

그런데 어떻게 구약에서나 신약에서 성령이 똑같이 역사할 수 있겠는가? 구약에서는 구원을 잃어버릴 수 있다. 환란 때도 마찬가지이다. 왜냐하면 믿음 이외에도 행위가 필요하기 때문이다. 그러나 이 교회 시대는 선행을 하지 않았을지라도 그의 믿음이 의로 여겨진다고 했다.

『너희가 믿음으로 말미암아 은혜로 구원을 받았으니 이것은 너희에게서 난 것이 아니요, 하나님의 선물이라. 행위에서 난 것이 아니니 아무도 자랑하지 못하게 하려 하심이라』(엡 2:8,9).

믿음으로만 구원받은 것과 믿음에다 행위를 더하여 구원받는 방법은 판이하게 다르다. 그래서 믿음으로 받는 구원을 하나님의 은혜라고 말하는 것이다. 당신이 무슨 일을 했다고 해서 영원한 생명을 얻을 수 있겠는가? 한 나라를 다 바쳤다 한들 영원한 생명을 얻을 수 있겠는가? 그러나 예수님이 십자가에서 완성하신 그 일을 믿으면 누구나 영생을 얻는다. 이처럼 신약과 구약은 성령의 역사하심이 다르다.

<성령이 여러 경우로 함께하시는 예>

성령이 계셨다가 죄 때문에 떠나가는 경우	사울, 환란 성도
성령이 계셨다가 죄 때문에 떠났다가 돌아오신 경우	삼손
성령이 들어와 죄를 지어도 떠나지 않는 경우	다윗, 신약 성도

이와 같이 우리는 각 시대마다 하나님께서 사람들에게 주신 메시지가 틀리다는 것을 알 수 있다.

- 아담에게 : "선과 악의 지식의 나무에서 나는 것을 먹지 말라."
- 노아에게 : "방주를 지어라."
- 아브라함에게 : "고향에서 떠나라."
- 모세에게 : "모든 율법과 계명을 지켜라."
- 오늘날 우리에게 : "너희의 모든 선행을 버리고 오직 믿으라."
- 환란 때 : "끝까지 견뎌내라."
- 천년왕국에서 : "모든 사람이 주를 알고 있으므로 복음을 증거하지 말라."

이 시대의 그리스도인들은 그리스도의 복음을 전해야 한다. 우리가 휴거되고 나면 그때부터 은혜의 복음은 없다. 이 시대에 복음을 전하지 않는 교회는 지상에 존재해야 할 가치도 의

미도 없는 가짜 교회일 뿐이다. 『쭉정이가 밀에게 무엇이겠느냐?』(렘 23:28) 이것이 숫자를 자랑하는 쭉정이 교회에게 주시는 말씀이다.

2. 안식일

많은 사람들은 "성경에 반드시 안식일을 지키라고 했으니까 우리는 안식일을 지켜야 한다."라고 말한다. 특히 제7일 안식교인들이 그렇게 믿고 있다. 이러한 경우를 우리는 종종 보는데, 성경에 나오는 모든 말씀을 다 지켜야 성경을 잘 믿는 것으로 알고 있는 사람들이 많다. 그러나 이들은 성경을 가장 잘 모르는 사람들이다. 이들은 구약의 율법을 모두 지킬 수 없으면서도 지킨다고 하나, 사실은 자신이 편리한 구절들만을 지키고 그것을 의로 삼아 남을 판단하며, 자신이 지키지 못하는 구절은 무시하거나 영적으로 해석한다.

유대인들은 안식일을 지킨다. 여기서 안식일은 일요일이 아님을 명심하자. 왜냐하면 가끔 유대인의 안식일 대신 주일을 지킨다고 착각하는 사람들이 있기 때문이다. 유대인의 안식일은 토요일이다.

『또 나는 그들[유대인]에게 내 안식일들도 주었으니 나와 그들 사이에 표적이 되게 하고 그들로 내가 그들을 거룩하게 하는 주인 줄 알게 하려는 것이라』(겔 20:12).

여기서 안식일은 하나님의 백성인 유대인을 위한 "표적"으로, 이방인과는 아무런 관계가 없는 것이다. 우리는 유대인이 아니다. 사도행전 20:7과 고린도전서 16:2에서 보면 우리 그리스도인들은 "주님이 부활하신 첫날"을 지킨다는 것을 알 수 있다. 많은 개신교 목사들은 안식교인들처럼 토요일을 지킨다고 고집하지는 않으면서도 안식일 자체를 처리하지 못하여 주일을 안식일이라 부르는 것을 보는데 그것은 무지의 소치에서 비롯된 것이다. 그리스도인들은 주일의 첫날을 지키고 유대인들은 지금도 안식일인 토요일을 지킨다. 이 점도 구분하지 못하는 이유가 어디 있는가? 무조건 성경에 기록된 것을 다 지켜야 된다는 강박관념 때문이다.

그리스도인들은 주님이 부활하심을 기념하고 영과 진리로 예배를 드리기 위해 일주일이 시작되는 첫째 날에 모인다. 이때 주의 첫째 날을 지키고 안 지키는 것은 구원과 아무런 관계가 없다. 하지만 구약 시대에는 안식일을 지키지 않으면 구원을 잃어버렸다. 민수기 15:32-36에는 안식일에 장작을 주웠던 사람이 율법에 따라 돌에 맞아 죽는 심판을 받은 일이 기록되어 있다. 예수님께서 병자들을 치유시켜 주셨을 때는 공교롭게도 안식일이 많았다. 바리새인들은 안식일에 병자를 치유하신 예수님을 힐난했다. 그러나 예수님은 자신이 안식일의 주인이시라고 말씀하셨다(눅 6:5). 우리가 일주일의 첫날을 지키는 것은 그 날이 바로 예수 그리스도께서 부활하신 날이기 때문이다. 예수님이나 바울이 우리에게 안식일을 지키라고 말씀하신 적은 한 번도 없다. 그뿐 아니라 신약 교회들은 모두 주일의 첫날에 모였고(행 20:7, 요 20:19) 주의 첫날에 헌금을 바쳤다(고전 16:2).

로마서 13장을 보면 명확하게 이 사실을 알 수 있다. 9절과 10절에서 율법을 나열하는 가운데 안식일을 지키라는 말이 빠진다. 『이는 이것, 즉 "너는 간음하지 말지니라, 너는 살인하지 말지니라, 너는 도둑질하지 말지니라, 너는 거짓 증거하지 말지니라, 너는 탐내지 말지니라." 한 것과 그 외에 다른 계명이 있을지라도 이 말씀으로 모두 요약될 수 있음이니, 즉 "너는 네 이웃을 네 자신과 같이 사랑하라."는 것이라. 사랑은 자기 이웃에게 악을 행치 아니하느니라. 그러므로 사랑은 율법의 완성이니라.』

안식일에 관한 계명이 빠져 있다. 성령님께서 실수로 빼셨다고 생각하는가? 그리스도인들은 안식일을 지키는 율법에 집약되는 것이 아니며 "사랑하라"는 계명도 구원을 위해 사랑하는 것이 아님을 알아야 한다. 따라서 안식교인들은 전혀 성경적 근거가 없는 일을 하고 있는 것이다. 그들은 이방인의 사도인 바울이 어째서 안식일을 언급하지 않았는가를 깨달아야 한다.

안식일은 하나님과 유대인 사이의 한 표적으로 주신 것이다(출 31:13, 겔 20:12, 느 9:14). 이스라엘 백성이 이집트를 탈출하여 시내 산에 와서 십계명을 받았을 때까지 안식일을 지킨 사람은 아무도 없었다. 안식일은 할례와 같이 하나님께서 유대인들 사이에 두신 한 표적이었다. 안식교인들이 안식일을 고집한 원인을 보면 ① 성경을 나눌 줄 모르기에 무조건 성경에 기록한 것을 다 지키려 하는 데 있다. 그들의 무지의 소치이다. ② 그들은 실제적 유대인과 영적 유대인을 구분하지 못한다. 아브라함이 유대인의 조상임은 두말할 나위도 없다. 이방인이 예수 그리스도를 자기의 구세주로 믿고 거듭났는데 하나님께서 믿음으로 거듭난 사람도 아브라함의 자손으로 인정해 주셨다(갈 3:6,7). 그리스도를 통하여 구원받지 못한 안식교인들은 영적 유대인도 되지 못한다(갈 3:16). 그러기에 그들은 안식일 노래나 부르며 헛소리를 하고 있는 것이다.

율법은 우리를 그리스도께로 인도하는 선생이 되었을 뿐이다. 우리가 성령을 받은 것은 믿음으로였지 율법을 지키는 행위가 아니었다(갈 3:2). 만일 의가 율법으로 인하여 온 것이라면 그리스도께서는 헛되이 죽으신 것이라고 성경은 분명히 밝혀 주고 있다(갈 2:21). 안식일을 포함해서 율법을 지켜 자기가 잘 믿은 사람이라고 여기는 사람들은 한결같이 구원받지 못한 사람들이다. 그들 안에 성령이 계시지 않으므로 진리로 인도함을 받지 못하는 것이다. 그들은 안식일을 지키며 열심히 좋은 우유나 두유를 만들어 팔면 된다.

3. 예배

구약에서와 신약에서는 예배드리는 장소도 다르다. 구약에서는 예루살렘 성전에서 예배를 드려야 하나 신약에서는 그리스도인이 몇 명만 모여도 아무 곳에서나 제한받지 않고 예배를 드릴 수 있다. 왜냐하면 우리의 몸이 성전이기 때문이다. 그러나 유대인은 특정한 장소의 건물에서만 예배를 드려야 했다.

신약과 구약은 예배드리는 방식도 다르다. 구약에서는 그 규례와 방식과 절기도 지켜야 하나, 신약의 그리스도인들은 아주 자유스럽게 예배를 드린다. 예물을 끝날 때 드려도 되고 먼저 드려도 되며, 찬송을 시작할 때 불러도 되고 끝날 때 불러도 된다. 다만 질서와 교회의 전통을 지키기 위해 예배의 순서를 정하지만, 오늘날 제도화된 교회들처럼 경직되거나 카톨릭식의 엄숙함은 없다. 우리는 율법 대신 은혜를 받았기 때문이다. 우리는 여러 가지 희생제물 대신에 단 하나, 그리스도의 보혈만이 필요하다. 그뿐 아니라 모세와 같은 인간 중보자도 필요없다. 오직 하나님이신 예수 그리스도만이 우리를 중보하신다. 이제는 레위 지파를 따른 제사장들이 없어졌고 모든 그리스도인들이 제사장이 되었다. 성직자와 평신도를 구분하는 것은 성경에 없는 것을 지키려는 구약적 냄새를 풍기는 자들의 행태이다. 예수님은 성직자를 자처하는 니콜라파를 미워하신다고 말씀하셨다(계 2:6,15).

이처럼 신약과 구약에서는 성령의 역사가 다르고, 받은 메시지도 다르며, 예배 방법도 다른데 어떻게 구원받는 방법이 같을 수 있겠는가? 성경을 올바로 나누는 것만이 성경을 이해할 수 있는 길임을 알아야 한다.

주님께 합당한 예배는 구원받은 성도가 자신들의 몸을 주님께 드리는 헌신이다(롬 12:1). 하나님께 바치는 물질과 찬양과 바른 섬김도 헌신이다(히 13:15,16). 성도의 신실한 기도 역시 예배에 해당된다. 그리스도인은 한 주일의 첫날에 예배를 드린다. 이것은 주님의 부활을 기념하는 것이기 때문이다.

<구약과 신약의 예배의 차이>

	구 약	신 약
예배 장소	예루살렘	아무 곳이나
하나님이 계신 곳	성전 건물	그리스도인
예배 의식	율법에 의거	자유스럽게
예배 방식	의식에 따라	영과 진리로
제물	짐승의 피	그리스도의 피
제사장직	레위 지파	모든 그리스도인

4. 구약에 있는 혼들과 신약에 있는 혼들이 가는 곳

구약과 신약의 차이점 중에 특히 "죽으면 어디로 가는가?"를 알아보면, 구약과 신약은 구원받는 방법 외에도 다른 차이점이 있다는 것을 알 수 있다.

우리는 십자가 이전에 죽은 사람이나 이후에 죽은 사람이나 육신은 모두 무덤으로 가는 것을 안다. 기도를 아무리 많이 해도, 아무리 영적으로 성숙되었어도 우리의 육신에는 선한 것이 없기 때문에 우리가 죽으면 우리의 몸은 무덤으로 간다.

구약에서 혼은 몸에 붙어 있었다.

『또한 어떤 사람[soul]이 불결한 짐승의 시체나, 불결한 가축의 시체나, 불결한 기어다니는 것들의 시체나, 어떤 불결한 것을 만지고 그것이 그로부터 감추어져 있을지라도, 그는 불결하게 되며 죄가 있느니라』(레 5:2).

구약에서는 사람의 혼과 몸이 붙어 있었기 때문에 육이 더러워지면 혼이 피의 속죄를 필요로 했다. 그래서 구약에서 악한 사람이 죽게 되면 몸은 무덤으로 가고 혼은 지옥으로 갔다(시 9:17). 십자가 이전이나 이후나, 악한 자나 속죄함을 받지 못한 자의 혼은 지옥으로 가고 몸은 무덤으로 간다.

누가복음 16장에 보면 몸은 무덤으로 갔지만 혼은 지옥에서 고통받는 것을 본다. 여호와의 증인들은 자신들의 성경에 지옥을 "음부"나 "무덤"으로 변개시켜, 무덤과 지옥이 같은 것이라고 가르친다. 즉 혼과 몸은 모두 무덤으로 가서 소멸된다고 하는 것이다. 그들은 성경을 기록된 대로 믿지도 않을 뿐 아니라, 깨닫지도 못하고 있다. 성경을 이해함에 있어서 그들은 성령의 도움을 받는 것이 아니라 악령의 도움을 받고 있다. 왜냐하면 그들의 성경 해석은 성령께서 전혀 의도하신 것이 아니기 때문이다.

인간의 종착역이 무덤이고 죽은 후에 아무것도 의식하지 못한다면(Annihilation) 이 세상에 종교는 존재할 필요도 없는 것이다. 물론 불교와 힌두교의 윤회는 잘못된 것이다. 인간이 죽어서 다시 부활하지 못한다면 예수 그리스도께서도 부활하지 못하셨을 것이라고 성경은 역설하고 있다(고전 15:12-20). 누구의 말을 믿고 따를 것인가? 우리와 같은 성정을 지닌 석가모니나 브라만의 말을 믿고 사람이 죽어 곤충이나 새나 물고기나 짐승들로 태어나는 윤회를 믿을 것인가, 아니면 하나님의 말씀을 믿어 그리스도의 피로 죄사함을 받고 영생을 얻어, 죽으면 예수님이 공중에 재림하실 때 부활하는 것을 믿을 것인가? 여호와의 증인들처럼 죽으면 그만이라면서도 굳이 여호와의 증인들로 행세해야겠는가? 이 중 하나를 선택해야 한다.

>『그녀의 혼이 떠나려 할 때, (이는 그녀가 죽었음이라.) 그녀가 그 아이의 이름을 베노니라 불렀으나 그의 아비가 그를 베냐민이라 불렀더라』(창 35:18).

라헬이 아이를 낳다가 산고로 죽게 되었을 때 라헬의 혼이 그녀의 몸에서 "떠나려 할 때"(depart)라고 기록하고 있다. 즉 라헬의 몸 안에 혼이 있었기 때문에 몸이 떠나는 것이 아니라 혼이 떠나는 것이다.

성경의 많은 곳에서 사람을 혼이라고 부른다. 아담은 처음 지어졌을 때 "살아 있는 혼"(living soul, 개역성경에는 "생령"이라고 변개시킴)이었다(창 2:7). 그런데 아담이 범죄한 이후 혼과 몸은 붙어 버려 몸이나 혼은 둘 다 사람을 지칭하게 된다.

『주께서 말씀하시기를 "내 영이 항상 사람과 다투지는 않으리니, 이는 그도 육체임이라. 그래도 그의 날들이 일백이십 년이 되리라." 하시니라』(창 6:3).

그래서 모든 사람은 그의 인격을 나타내는 혼(자아)이 몸에 붙어 버렸기 때문에, 거듭나지 않은 사람들은 대체로 육신적인 것들, 즉 육신의 정욕, 안목의 정욕, 생의 자랑을 추구한다.

그러면 혼이 몸에 붙어 있는 사람의 영은 어떻게 되어 있는가? 그의 영은 죽어 있다. 영이 죽은 사람은 하나님의 존재와 능력을 알 수 없고 성경을 읽어도 알 수 없는 것이다. 영이 죽은 사람은 하나님 보시기에 죽은 사람이다.

구약에서 마땅히 행할 바를 행한 의인의 혼은 육신을 떠나서 안식하는 곳으로 간다.

『사울이 그녀에게 말하기를 "그가 어떤 모양이냐?" 하니 그녀가 말하기를 "한 노인이 올라오는데, 그가 외투를 입었나이다." 하더라. 사울은 그것이 사무엘인 줄 깨닫고 그 얼굴을 땅에 대고 엎드려 절하니라. 그러자 사무엘이 사울에게 말하기를 "어찌하여 네가 나를 불러 올려 나를 어지럽히느냐?" 하니…』(삼상 28:14,15).

이 말씀에 보면 사울은 사무엘이 죽자 그의 고민을 해결하기 위해 신접한 여자를 통해서 죽은 사무엘의 혼을 만나려고 하는데, 이때 사무엘의 혼을 위에서 "내려오게" 해 달라는 것이 아니라 "올라오게"(bring up) 해 달라고 청한다(삼상 28:11). 특히 15절에서 사무엘은 "어찌하여 네가 나를 불러 올려 나를 어지럽히느냐?"라고 하며 자신의 안식이 불편해졌음을 말하고 있다.

또한 누가복음 16장에서는 구약의 의로운 혼들이 쉬는 안식처를 지하의 "아브라함의 품"(낙원)이라고 말하고 있다.

『그러다가 그 거지가 죽었는데 천사들이 그를 아브라함의 품으로 옮겼고 그 부자도 죽어서 장사되었더라[육신이 죽었다]. 부자가 지옥에서 고통받는 중에[혼의 느낌이 있다] 눈을 들어[혼의 눈이 있다] 저 멀리 아브라함을 보았더니 나사로가 그의 품에 있는지라. 그가 소리질러 말하기를[혼의 입이 있다] '아버지 아브라함이여, 저를 불쌍히 여기셔서 나사로를[혼은 기억하고 있다] 보내시어 그가 자기 손가락 끝에[혼의 손가락이 있다] 물을 적셔 내 혀를[혼의 혀가 있다] 식히게 하소서. 내가 이 불꽃 가운데서 고통을 받고 있나이다.'라고 하니 아브라함이 말하기를 '아들아, 너는 네 생전에 좋은 것을 받았고 나사로는 나쁜 것을 받았음을 기억하라. 그러나 이제 그는 위로를 받고[낙원에서] 너는 고통을 받느니라[지옥에서]. 이 모든 것 외에도 우리와 너희 사이에는 커다란 구렁이 놓여 있어서 여기에서 너희에게로 건너가고자 하여도 갈 수 없고 거기에서 우리에게로 건너오고자 하여도 올 수 없느니라.'고 하더라』(눅 16:22-26).

따라서 이 지하에서 "아브라함의 품" 또는 사무엘상 28장에서 "안식하는 곳"이라고 불리는 곳과 "지옥"을 사이에 두고 "커다란 구렁"이 있다. 구약에서는 의로운 자가 죽으면 그 혼은 위로 올라가는 것이 아니라 무인가를 기다리기 위해 아래로 내려가 쉬게 되는 것이다. 그러나 신약의 구원받은 혼은 지하 안식처로 내려가는 것이 아니고 위로 올라간다.

『내가 십사 년 전에 그리스도 안에서 한 사람을 알았는데 (그가 몸 안에 있었는지 나는 말할 수 없고 몸 밖에 있었는지 나는 말할 수 없지만 하나님께서는 아시느니라.) 그 사람이 셋째 하늘로 끌려 올라갔느니라. 내가 이런 사람을 아노라. (그가 몸 안에 있었는지 몸 밖에 있었는지 나는 말할 수 없지만 하나님께서는 아시느니라.) 그가 낙원으로 끌려 올라가서 말로 다 설명할 수 없는 말을 들었는데 그것은 사람들에게 말하도록 허락되지 않은 것이로다』(고후 12:2-4).

이 구절에서 한 사람이 "낙원"에 갔는데, 그곳은 "셋째 하늘"에 있는 낙원이다. 2절과 4절에 "끌려 올라간다"라는 말에 유의하라. 또한 그곳은 예수 그리스도가 승천하신 곳으로, 바울은 그곳에 가기를 아주 갈망하고 있었다.

『이는 내게 사는 것이 그리스도니 죽는 것도 유익함이라. 그러나 만일 내가 육신으로 산다면 이것은 내 수고의 열매니 무엇을 선택해야 할지 나는 아직 알지 못하노라. 내가 그 둘 사이에 끼여 있으니 내가 떠나서 그리스도와 함께 있을 욕망을 갖는 그것이 훨씬 좋으나 육신에 남아 있는 것이 너희를 위하여 더욱 필요하리라』(빌 1:21-24).

이 말은 바울이 얼마나 주님을 보고 싶어했던지 형제들을 위해 육신으로 남아 있는 것과 그리스도와 함께 있는 것 사이에서 갈등하고 있었음을 잘 말해 주고 있다. 만일 그가 죽어 그리스도가 없는 아래로 내려간다면 이런 말은 하지 않았을 것이다. 왜냐하면 그리스도 안에서 잠든 성도들은 반드시 새 육신을 입어야 하기 때문이다. 고린도전서 15:51-53을 보라.

『보라, 내가 너희에게 한 가지 신비를 말하노니 우리가 다 잠잘 것이 아니요 오히려 우리가 모두 변화될 것이니 마지막 나팔 소리에 눈깜짝하는 순간에 그러하리라. 나팔 소리가 나면 죽은 자들이 썩지 아니하는 몸으로 일으켜지며 우리도 변화되리라. 그리하여 이 썩을 몸이 반드시 썩지 아니할 몸을 입고 이 죽을 몸이 반드시 죽지 아니할 몸을 입으리라.』

또 데살로니가전서 4:15-17을 보라. 이 일은 휴거 때에 일어나게 되며, 이 몸은 그리스도의 몸(빌 3:21)과 같은 영적인 몸으로서 죄를 짓지도 않고, 가장 완전한 육체로서 원하는 곳은 마음대로 갈 수 있고 먹기도 하며 벽을 통과하기도 한다

(요 20:14,17,19,26).

『우리가 아는 것은 만일 땅에 있는 우리의 장막 집이 무너지면 하나님께서 지으신 큰 집, 즉 손으로 짓지 아니한 하늘들에 있는 영원한 집이 있다는 것이라... 우리가 자신에 차 있으니 정녕 몸에서 떠나 주와 함께 있는 것을 오히려 더 원하노라』(고후 5:1-8).

예수님께서 왜 니코데모에게 거듭나야만 하나님의 나라에 들어갈 수 있다고 말했는지 아는가? 우리가 예수 그리스도의 피로 말미암아 죄를 용서받고 거듭나지 않는다면 그가 아무리 착하다 해도 죄를 지으면 혼이 더러워지기 때문이다.

앞에서 보았듯이, 구약의 거듭나지 않은 사람들은 죽어야만 몸과 혼이 분리되는 것을 알 수 있다. 즉 죽음의 진정한 의미는 "분리"이다. 그러나 신약의 그리스도인들은 육체의 죽음 없이도 몸과 혼이 분리된다. 이것을 "영적 할례"라 한다. 『또한 너희가 그의 안에서 손으로 하지 아니한 할례를 받았으니 곧 그리스도의 할례로 육신의 죄들의 몸을 벗어 버린 것이라. 너희가 침례로 그와 함께 장사되었고 또 하나님께서 그를 죽은 자들로부터 살리신 역사를 믿음으로 말미암아 너희도 그와 함께 살아났느니라』(골 2:11,12).

하나님께서 “반드시 죽으리라.”고 하셨을 때 아담은 즉시 죽지 않았다. 그는 하나님과 영적인 관계가 분리된 것이었다. 그후 약 900년 후에 그의 육신이 죽었는데, 이것은 육체와의 분리이다. 그 후 만일 혼이 불못에 가게 된다면 그것은 영원한 분리, 즉 둘째 사망에 이르게 되는 것이다(계 20:14). 이처럼 죄는 모든 것들을 분리시키고 단절시킨다. 하나님, 사람들, 성도들, 친구들, 그리고 육신과도 (죽음으로) 단절시킨다.

영이 죽은 사람은 살아 있어도 하나님 보시기에 죽은 사람이다. 영이 살아나려면 자신이 죄인으로 태어났음을 시인하고, 나의 죄를 제거해 주시려고 예수 그리스도께서 십자가에 피흘려 죽으셨음을 믿고, 그분을 구세주로 영접해야 한다. 그러면 성령이 그 사람 안에 들어오셔서 그의 죽은 영을 살려주신다. 이것이 성령으로 태어나는 것이며, 거듭남(born again)이라고 부른다. 영이 거듭난 사람은 그의 혼이 구원을 받은 것이다.

<구약과 신약의 죽은 혼들이 가는 곳>

	악한 자		의로운 자	
	몸	혼	몸	혼
구 약	무 덤	지 옥	무 덤	아브라함의 품(지하)
신 약	무 덤	지 옥	무 덤	낙원(셋째 하늘)

5. 영과 혼과 몸의 차이점

골로새서 2:11-13『또한 너희가 그의 안에서 손으로 하지 아니한 할례를 받았으니 곧 그리스도의 할례로 육신의 죄들의 몸을 벗어 버린 것이라. 너희가 침례로 그와 함께 장사되었고 또 하나님께서 그를 죽은 자들로부터 살리신 역사를 믿음으로 말미암아 너희도 그와 함께 살아났느니라. 너희 죄들과 너희 육체의 무할례 가운데서 죽었던 너희를 하나님께서 그와 함께 살리셔서 너희의 모든 허물을 용서하셨으니』

이 구절에서 보면 이미 성도들은 그리스도의 할례로 육신의 죄들의 몸을 벗어 버린 것이라고 하였고, 그리스도와 함께 장사되어 죽었다가 다시 살아났다고 말한다. 즉 우리가 그리스도를 영접할 때, 설명할 수는 없지만, 혼과 몸을 가르는 영적인 수술을 받은 것이다. 이때 우리가 그리스도 안으로 들어감으로써 그리스도께서 죽으시고 부활하신 모든 사실들이 나에게 해당되는 것이다.

『화평의 하나님 바로 그분께서 너희를 온전히 거룩하게 하시고 너희의 온 영과 혼과 몸이 우리 주 예수 그리스도께서 오실 때까지 책망할 것이 없게 보존되기를 하나님께 기도하노라』(살전 5:23).

그런데 변개된 성서에는 "영혼" 혹은 "심령," "마음" 등으로 임의로 번역하여 이분법을 말하고 있는데, 올바른 성경에는 어디를 보아도 영과 혼과 몸으로 정확하게 구분되어 있다.

『하나님의 말씀은 살아 있고 능력이 있어 양날이 있는 어떤 칼보다도 예리하여 혼과 영, 그리고 관절과 골수를 찔러 가르고 마음의 생각들과 의도들을 판별하느니라』(히 4:12).

『흠도 없고 점도 없는 어린양 같은 그리스도의 보배로운 피로 된 것이기 때문이니라... 너희가 거듭난 것은 썩어질 씨로 된 것이 아니라 썩지 아니할 씨로 된 것이니 살아 있고 영원히 거하는 하나님의 말씀으로 되었느니라』(벧전 1:19,23).

『우리가 행한 의로운 행위에 의하지 않고 그의 자비하심에 따라 중생의 씻음과 성령이 새롭게 하신으로 우리를 구원하셨으니』(딛 3:5).

다음은 영과 혼과 몸에 대한 구분이다.

(1) 영

거듭나기 이전에 영은 죽어 있다(엡 2:1-3). 거듭날 때 영은 살아난다(요 3:6).

『육신으로 난 것은 육이요, 또 성령으로 난 것은 영이니라』(요 3:6).
『...이는 법문으로 한 것이 아니고 영으로 한 것이니 법문은 죽이고 영은 생명을 주기 때문이라』(고후 3:6).

(2) 혼

혼은 "자아"이다. 그러나 혼은 추상적인 의미의 자아가 아니라 실제적인 인격체이며, 구원받는 것은 혼이다(벧전 1:9). 구원받지 못한 혼이 죽으면 지옥에 간다(눅 16:19-31).

『그러므로 너희는 모든 더러움과 넘치는 악을 벗어 버리고, 너희 혼들을 구원할 수 있는, 심겨진 말씀을 온유함으로 받으라』(약 1:21).

(3) 몸

몸(육신)은 온갖 죄의 정욕을 일으킨다(갈 5:16-21). 몸은 썩을 것이며(고전 15:42-54), 그 안에는 선한 것이 없다(롬

7:18).

『내 안에 (곧 내 육신 안에는,) 선한 것이 거하지 않는 줄을 내가 아노니 원함은 내게 있으나 선한 것을 어떻게 행하는 것인지는 알지 못하노라』(롬 7:18).

하나님의 말씀이 한 사람에게 들어가면 그는 먼저 자신이 지옥에 가야만 하는 죄인임을 깨닫는다. 그리고 주님께서 자신의 죄 때문에 죽었다가 부활하여 이미 그의 죄를 다 용서해 놓으신 사실을 알고 예수님을 구주로 영접하게 된다. 이때 영은 살아나고 혼은 몸으로부터 분리된다. 이것을 영적 수술이라 한다(영적 할례). 다시 말하면 영은 거듭나서 성령이 내주하시게 되며, 혼은 구원을 받는다. 그러나 육신은 개수가 불가능하기 때문에 육신의 구속을 기다린다(롬 8:23).

고린도전서 2:12에 보면 하나님의 영이 우리에게 거하신 것은 "값없이 주신 것을 알게 하려 함"이라고 기록한다. 즉 구원은 자신의 노력이나 교회에 다니는 등의 열심으로 되지 않음을 명확히 해주고 있다.

하나님의 말씀을 받아들일 때 이것이 칼이 되어 영적 수술을 하는데, 이것은 설명할 수는 없지만, 우리가 느끼든지 느끼지 못하든지 간에 예수 그리스도를 영접할 때 우리의 육신은 죽임을 당했던 것이다.

하나님 앞에 우리의 육신은 한갓 냄새나는 시체에 불과하다. 하지만 육신적인 그리스도인들은 이 시체를 무덤에서 꺼내 그 죽은 육신을 살리고 개수하여 만족시키려고 한다. 이 육신은 전혀 개수할 수 없고 오직 죽는 것뿐이다. 어떤 사람의 삶에 그리스도가 들어오면 그는 더욱 착해지고 죄도 짓지 않으며 항상 만족과 기쁨과 능력으로만 충만하며 만사형통하게 되는가? 은사주의자들은 적극적 사고방식까지 동원하여, 기도하면 만사가 해결되는 것으로 가르친다. 인간의 뜻대로 기도하면 인간의 뜻대로 이룩된다고 성경 어디에 기록되어 있는가? 기도하면 돈도 생기고, 병도 낫고, 교회도 커지고, 교인도 늘고, 사고도 없다고 생각하는 사람이야말로 왜 하나님이 필요한 것인가? 성경은 그들의 주장과 반대다. 『...우리가 그와 함께 고난을 받은 것은 함께 영광도 받게 하려 함이니라』(롬 8:17). 우리가 지상에서 사는 목적이 하나님의 능력을 이용하여 우리의 뜻을 관찰시키는 것인가 아니면 우리의 뜻을 하나님의 뜻에 맞추어 그분의 뜻을 실현시키는 것인가? 우리에 대한 하나님의 뜻이 더 완전한가 하나님에 대한 우리의 뜻이 더 완전한가? 그에 대한 답은 너무 간단하다.

사람들은 미혹당하고 있는 것이다. 우리의 모든 문제인 죄,

다툼, 미움, 시기, 궁핍 등은 주님이 오셔야만 해결이 된다. 우리가 이 땅에서 누리는 주님의 나라의 기쁨과 만족은 약간의 맛은 볼 수 있겠지만, 주님만이 우리의 기쁨이 되시고 만족이 되시기 때문에 그분이 오셔야만 한다. 바울은 육신 안에는 선한 것이 거하지 아니한다고 고백했다. 그가 육신의 죄와 구원을 연관지었다면 그는 지옥에 갈 걱정을 했을 것이다. 아무리 구원받고 경건하며 영적이라 하더라도 여전히 육신은 변화되지 않는다. 많은 그리스도인들이 실수하는 이유는 구원받으면 죄도 짓지 않고 항상 기쁘게 살며 육신의 성품까지도 변한다고 착각하기 때문이다.

육신에서 난 것은 육이다(요 3:6). 그렇다고 육신에게 져서 죄를 마구 지어도 된다는 말이 아니다. 이 말은 죄가 나의 구원에는 아무런 영향을 줄 수 없다는 말이다. 그래서 성경은 육신의 지배를 받는 사람과 그렇지 않은 사람으로 나누고 있다.

이에 대해 고린도전서 2:14-3:1은 세 종류의 사람으로 나누고 있다.

(1) 자연인 (거듭나지 못한 사람)

『그러나 자연인은 하나님의 영의 일들을 받아들이지 아니하나니 이는 그 일들이 그 사람에게는 어리석게 여겨지기 때문이요, 또 알 수도 없나니 이는 그 일들이 영적으로만이 분별되기 때문이니라』(고전 2:14).

(2) 육신적인 그리스도인 (거듭난 사람)

『형제들아, 내가 너희에게 영적인 사람을 대하는 것처럼 말할 수 없어서 육신적인 사람, 즉 그리스도 안에서 어린 아기들을 대함과 같이 하노라』(고전 3:1).

(3) 영적인 사람 (거듭난 사람)

『영적인 사람은 모든 것들을 판단하나 자신은 아무에게도 판단을 받지 아니하느니라』(고전 2:15).

이와 같이 현 세상에는 세 부류의 사람들이 살고 있다. 복음을 어리석다고 거부하여 거듭나지 못하고 지옥으로 갈 "자연인"이 있는가 하면, 복음을 받아들여 구원은 받았으나 하나님의 말씀을 읽지도 않고 말씀에 순종하지 않으며 성경의 기준에 따라 살지도 않고, 아직도 세상을 사랑하며 자기 기준에 따라 사는 사람이 있다. 이런 사람은 어린아이와 같이 성장하지 못한 채 남아 있어 무엇이나 자기 위주로 생각하기 때문에 불평 가운데 산다. 이렇게 세월의 흐름에 상관없이 성장하지 못한 사람을 "육신적인 그리스도인"이라 한다. 또 한 부류는 구원받고 하나님께 헌신하여 하나님의 뜻을 자신의 뜻보다 존중하여 말씀의 기준에 따라 살며 하나님의 뜻을 올바로 알아 스스로 성장하며 성도들을 세워 주는 "영적인 그리스도인"이다.

영적인 그리스도인이 되는 방법은 베드로전서 2:2에 있다. 『갓난 아기들로서 순수한 말씀의 젖을 사모하라. 이는 너희가 그것으로 인하여 자라게 하려 함이니라』(벧전 2:2). [한글개역성경은 여기서 "순수한 말씀의 젖"을 "신령한 젖"으로 변개시켜, 성도들이 삭제나 첨가가 없는 순수한 말씀으로 자라나는 것을 가리고 있다. 또한 "자라게 하려 함이니라" 앞에다가 "구원에 이르도록"이라는 말을 첨가함으로써, 구원에 이르도록 자라난다는(행위 구원) 사탄의 거짓 교리를 제공하고 있다.]

성령으로 거듭난 사람들은 마땅히 성장해야 한다. 하나님께서 그를 구원해 주신 것은 자신의 옛 기준으로 자신을 위해 산다는 것이 아니고 지상에 사는 동안 복음을 전파하고 진리의 지식을 가르치며 마귀의 시험과 미혹과 공격으로부터 자신과 가족과 교회를 지켜 내게 하기 위함이다. 영적으로 어린 아기들은 영적 전쟁에 투입시킬 수도 없을 뿐더러 싸울 수도 없기 때문이다. 그러므로 거듭난 그리스도인들은 강성한 그리스도의 군사로 성장해야만 한다. 성장하려면 말씀을 공부하고 기도로 하나님의 뜻을 구하며 마귀의 계략 등에 속지 말아야 한다.

6. 당신은 구원받은 후 한 번도 죄를 짓지 않았는가?

『죄를 짓는 자는 마귀에게 속하나니 이는 마귀가 처음부터 죄를 짓기 때문이라. 이 목적으로 하나님의 아들이 나타나셨으니, 곧 마귀의 일들을 멸하시려는 것이라. 하나님께로부터 태어난 사람은 누구나 죄를 짓지 아니하나니 이는 하나님의 씨가 그 사람 안에 거함이요, 또 죄를 지을 수 없는 것은 그가 하나님께로부터 태어났기 때문이라』(요일 3:8,9).

여기서 "하나님의 씨"는 베드로전서 1:23에 따라 "하나님의 말씀"이며, 사람은 이 말씀으로 거듭나게 된다. 우리는 베드로전서 1:25을 통해 이 말씀이 "복음"이라는 것을 알 수 있다.

언젠가 오순절 계통의 한 친구가 "나는 6년 동안 한 번도 죄를 짓지 않았다."라고 말한 일이 있다. 그래서 그가 화낼 때까지 계속 괴롭혔더니 결국 그의 입에서는 욕이 나오고 저주가 나왔다. 그렇다면 그는 결국 인내하지 못하고 죄를 지었기 때문에 구원을 받지 못한 "마귀의 자녀"가 된 것인가?

이 구절은 교리적으로 하나님의 씨가 거함으로 우리는 죄를 지을 수 없다는 것이다. 혼과 몸은 분리되었기 때문에 육의 죄가 혼의 구원에는 영향을 줄 수 없다. 왜냐하면 우리의 죄의 삯은 이미 2,000년 전에 지불되었고, 또한 옛 사람은 이미 하나님 앞에서 죽었고 하나님은 새 사람을 보고 계시기 때문이다. 이것은 우리가 죄를 짓지 않고 살았기 때문이 아니라 주님이 이룩하신 역사 때문이다. 혹 그리스도인이 많은 죄를 지었다 할지라도 그는 죽어서 셋째 하늘로 올라간다. 구약에는 몸이 죄를 지으면 혼이 몸에 붙어 있기 때문에 결국 혼이 죄를 지은 것과 같다. 그러나 신약의 거듭난 사람은 혼과 몸이 떨어져 있기 때문에 몸의 죄가 혼에게 영향을 줄 수 없는 것이다. 이렇게 실제적인 체험(죄를 지음)과 성경 말씀(죄를 지을 수 없음)과의 차이를 설명해 주는 것이 바로 "영적인 할례"이다.

7. 구약의 성도들은 왜 셋째 하늘에 올라가지 못했는가?

구약 시대의 성도들은 예수님께서 피흘리시기를 낙원에서

기다리고 있었다. 왜냐하면 그들에게 죄 용서의 근거가 되었던 양과 염소의 피는 죄를 덮어 주었을 뿐 제거할 수는 없었기 때문이다.

> 『자비를 수천 대까지 간직하며 죄악과 허물과 죄를 용서하나 범법자가 결코 깨끗게 되지는 아니하리니 그 조상들의 죄악을 그 자손들과 그 자손들의 자손들 삼사 대까지 미치게 하느니라』(출 34:7, 이 구절은 개역한글판성경에서는 완전히 변개되어 정확한 교리를 전해주지 못한다).

구약에서는 사람의 죄에 대해 짐승의 피를 흘려 죄를 용서는 해주었지만 예수 그리스도께서 보혈을 흘리시기 전까지는 죄를 깨끗게 할 수 없었다. 『이는 황소들과 염소들의 피로는 죄들을 제거하는 것이 불가능하기 때문이라』(히 10:4). 짐승의 피와 예수 그리스도의 보혈과는 그 효능에 차이가 크다. 짐승의 피로는 그들의 죄를 덮어 줄 수는 있어도 제거해 줄 수는 없는 것이다. 예수님이 오시는 것을 보고 있던 침례인 요한이 예수님을 가리켜 『보라, 세상 죄를 제거하는 하나님의 어린양이라.』(요 1:29)고 말했다. 한글 개역성경은 세상 죄를 지고가는 하나님의 어린양이라고 고쳤다.

『황소와 염소의 피와 암송아지의 재도 불결한 자들에게 뿌려 그 육체를 정결케 함으로써 거룩하게 한다면, 하물며 영원하신 성령을 통하여 흠 없는 자신을 하나님께 드린 그리스도의 피가 어찌 죽은 행실에서 너희 양심을 정결케 하여 살아 계신 하나님을 섬기게 하지 못하겠느냐? 이런 연유로 그는 새 언약의 중보자이시니, 이는 첫 언약 때에 범죄한 것들을 구속하시려고 죽으심으로써 부르심을 받은 자들로 그 영원한 유업의 약속을 받게 하시려는 것이라』(히 9:13-15).

구약 성도들은, 짐승의 피로 인해 용서는 받았지만 예수 그리스도의 피를 바라봄으로 구원받은 것은 아니다. 그러나 율법 아래서 지옥에 가지 않았던 이들을 완전히 구속하기 위해서 그리스도의 피가 필요했으며, 이 피를 통하여 안식처("아브라함의 품")에 있는 사람들의 죄를 완전히 제거할 수 있었다. 왜냐하면 하나님은 단 한 가지의 희생만을 받으시는데, 그것은 예수 그리스도의 피이기 때문이다. 예수 그리스도께서는 죽으셨을 때 땅의 심장에 삼 일 낮과 삼 일 밤 동안 계셨다(마 12:40). 예수 그리스도의 혼이 땅의 중심부인 지하 세계로 내려가신 것이다.

『그가 미리 앞을 내다봄으로 그리스도의 부활에 관하여 말한 것은, 주의 혼이 지옥에 버려지지 아니하였으며, 또 주의 육신도 썩어짐을 보지 아니하였다는 것이라』(행 2:31).

예수 그리스도께서는 죽으신 이후 사망과 지옥의 열쇠(계 1:18)를 가지고 지하 낙원으로 가셔서 구약의 성도들에게 자신의 피를 적용시켜 그들의 죄를 완전히 씻기신 후, 그들을 셋째 하늘의 낙원으로 데리고 올라가셨다.

이것은 마태복음 27:52,53에 기록된 것과 같다.

『무덤들이 열리며 잠들었던 많은 성도들의 몸이 일어났으며 주께서 부활하신 후에 무덤에서 나와 거룩한 도성으로 들어가 많은 사람들에게 나타나더라』(마 27:52,53).

『그러므로 말씀하시기를 "그가 위로 올라가실 때에 사로잡힌 자를 사로잡아갔고 사람들에게는 은사들을 주셨다."고 하셨느니라. (따라서 그가 올라가셨다는 것은 그가 땅의 더 낮은 부분들로 먼저 내려가셨다는 것이 아니고 무엇이냐? 내려가셨던 그가 모든 하늘들 위로 올라가신 바로 그분이니 그가 모든 것을 충만케 하시려 함이니라.)』(엡 4:8-10).

먼저 설명한 것과 같이 주님께서는 지옥에 가셨다가 낙원(아브라함의 품)으로 가서 구약 성도들을 데리고 올라가셨다. 회개했던 강도에게 약속했던 낙원이 바로 이 장소이다. 그러나 구속을 이루신 이후(눅 23:43) 낙원이란 장소는 셋째 하늘로 옮겨졌다.

『정녕 자랑하는 것이 나에게 유익하지 못하나 내가 주의 환상들과 계시들을 말하리라. 내가 십사 년 전에 그리스도 안에서 한 사람을 알았는데 (그가 몸 안에 있었는지 나는 말할 수 없고 몸 밖에 있었는지 나는 말할 수 없지만 하나님께서는 아시느니라.) 그 사람이 셋째 하늘로 끌려 올라갔느니라. 내가 이런 사람을 아노라. (그가 몸 안에 있었는지 몸 밖에 있었는지 나는 말할 수 없지만 하나님께서는 아시느니라.) 그가 낙원으로 끌려 올라가서 말로 다 설명할 수 없는 말을 들었는데 그것은 사람들에게 말하도록 허락되지 않은 것이로다』(고후 12:1-4).

2절에는 "셋째 하늘"로, 4절에는 "낙원"으로 기록되어 있으므로 낙원이 셋째 하늘에 있는 것을 알 수 있다.

첫째 하늘인 대기권에는 악한 영들이 산재해 있으며, 둘째 하늘은 별과 은하수 등이 있는 우주의 공간으로, 과학자들은 아직도 그곳이 어떤 곳인지 잘 알지 못한다. 욥기에 보면 북쪽 방면에 낮과 밤이 끝나는 경계가 있다고 한다(욥 26:10). 또 "북쪽" 하늘에 빈 자리가 있다고 말씀하며(욥 26:7), 루시퍼가 북편에 있는 회중의 산에 앉으려 했다고 기록하고 있다(사 14:13).

바울은 셋째 하늘로 갔다고 하는데, 이곳은 하나님의 보좌가 있는 곳이다. 그런데 하나님의 보좌 밑에는 수정과 같은 "유리 바다"가 있다고 기록되어 있다(욥 37:18, 계 4:6; 15:2). 그는 믿음으로 하나님을 볼 수 있지만 유리를 통해 보기 때문에 희미하게 보인다고 말했다(고전 13:12). 하지만 주님이 오실 때에는, 우리는 올라갈 것이기 때문에 온전히 하나님을 볼 것이다. 사탄이 욥을 고소하러 올라갔을 때, 이 유리 바다 앞에서 고소한 것으로 추측된다(욥 1:6).

현재는 사탄이 둘째 하늘과 첫째 하늘을 장악하고 있으며, 대환란 마지막 때에야 비로소 하늘에서 쫓겨난다(계 12:7-9). 그 때에는 땅에 있는 자들에게는 화가 있는데(계 12:12), 왜냐하면 사탄이 하늘에서 땅으로 내려오기 때문이다. 이 때에 목 베임을 당해 순교한 환란 성도들은 하늘에 있는 제단 아래,

즉 셋째 하늘로 올라간다(계 6:9).

구약에서는 영적인 할례를 받은 거듭난 사람은 한 사람도 없었다. 오직 그들은 예수님의 보혈이 흘려지기를 지하 낙원에서 기다렸다. 피에 의한 제사는 아벨 때부터 시작되었으며, 아담에게도 가죽옷을 입히신 것으로 보아, 아담도 양의 피로 용서받았을 것으로 추측된다. 우리는 여기에서 한 가지 공통된 진리를 볼 수 있는데 그것은 누군가의 구원을 위해서는 다른 생명이 피를 흘려 줘야 효력이 있다는 것이다. 피흘림이 없이는 죄사함이 없는 것이다(구약). 그리스도의 피흘림이 없이는 죄를 깨끗게 함이 없는 것이다.

지금까지 우리는 신약과 구약에는 명확한 차이가 있으며 구원을 받는 방법과 죽은 후에 가는 곳마저 다르다는 것을 살펴보았다.

6. 천국과 하나님의 나라

천국이라고 했을 때 "하늘"은 눈에 보이는 물질적인 장소를 말한다. 천국과 하나님의 나라가 같다고 아는 사람들이 있으나, 그들은 성경을 잘못 알고 있는 것이다. 천국과 하나님의 나라가 같다면 왜 천국이라는 말과 하나님의 나라라는 두 가지 말로 나누어서 기록하셨겠는가? 하늘은 장소이나 하나님은 장소가 아니라 영이시다. 하늘과 하나님이 같다면 창세기 1:1에서 "하늘이 하나님과 땅을 창조하셨느니라."라고 해도 될 것이다. 즉 하나님께서는 그분이 창조하신 하늘 안에 계신 것이 아니라 그 바깥에 계신다.

1. 천국 (Kingdom of Heaven)

앞서 말했듯이 "천국"이라고 할 때 "천"(하늘)은 눈에 보이는 실제적이고 물질적인 장소로서의 하늘이다. 이 하늘들은 세 개의 하늘로 구성되어 있다.

(1) 첫째 하늘 - 우리가 볼 수 있는 대기권까지

(2) 둘째 하늘 - 별과 달과 해와, 은하와 성운, 성단이 있는 우주

(3) 셋째 하늘 - 하나님의 보좌가 있는 하늘

우리는 시편에서 다음과 같은 구절을 본다.

> 『너희는 주를 찬양하라. 너희는 하늘들에서부터 주를 찬양하며 높은 곳들에서 그를 찬양하라. 그의 모든 천사들아, 너희는 그를 찬양하라. 그의 모든 군대들아, 너희는 그를 찬양하라』(시 148:1,2).
>
> 『해와 달아, 너희는 그를 찬양하라. 너희 모든 빛나는 별들아, 그를 찬양하라. 너희 하늘들의 하늘들과 하늘들 위에 있는 너희 물들아, 그를 찬양하라』(시 148:3,4).

여기서 1,2절은 천사들이 있는 셋째 하늘을 묘사하는데, 우

리는 요한계시록 4장에서 이 하늘이 장관을 이루며 네 생물들이 하나님을 찬양하고 있는 모습을 볼 수 있다. 그리고 3,4절은 해와 달이 있는 둘째 하늘을 묘사하고 있다.

여기서 잠시 "하늘들 위에 있는 물들"에 관해 살펴보자.

『하나님께서 말씀하시기를 "물들 가운데 창공이 있으라. 창공으로 물들에서 물들을 나누게 하라." 하시니라』(창 1:6).

즉 창공이 가운데 있고 그 위아래로 물들이 있다.

『하나님께서 창공을 만드시고 창공 위에 있는 물들에서 창공 아래 있는 물들을 나누시니 그대로 되니라』(창 1:7).

이 창공을 무엇이라 불렀는가? 하나님께서는 이 창공을 "하늘"이라 부르셨다. 즉 창세기 1:2에서 물로 완전히 심판받아 물에 잠긴 우주를 창공을 가운데 두시고 아래 물과 위의 물로 나누신 것을 알 수 있다.

시편 148:3,4에서 이 창공이 바로 둘째 하늘이라는 것을 알 수 있다. 7,8,9절을 다시 보면 땅에서부터 찬양하라고 나오고,

첫째 하늘을 언급한다. 이처럼 하늘은 셋으로 나뉜다.

마태복음 13:47,48 『또 천국은 갖가지 종류의 물고기를 모으기 위해 바다에 던져 놓은 그물과 같으니, 그물이 가득 차면 해변에 끌어올려 놓고 앉아서 좋은 것은 그릇에 담고 나쁜 것은 내어 버리느니라.』

이 구절을 통해 우리는 천국에는 악한 자도 선한 자도 있음을 알 수 있다. 주님께서 재림하셔서 지상에 세우실 천국(천년왕국)에는 악한 자도 있기에 1,000년이 끝나고 사탄이 잠시 풀려나면 곡과 마곡을 중심으로 반역을 일으키는 것이다. 물론 이들이 천년왕국 기간 중 악을 행하면 철장으로 다스리시는 왕 되신 그리스도로부터 심판을 받아 산 채로 지옥불에 던져지게 될 것이다. 보통 "나는 그리스도인이니까 죽으면 천국(Kingdom of Heaven)에 간다."라고 말하는데, 천국에는 악한 자도 있기 때문에 이 말은 교리적으로 틀리다. 셋째 하늘에는 구원받은 자만 있으므로 구원받은 자가 죽으면 "셋째 하늘에 있는 낙원에 간다." 또는 디모데후서 4:18에 따라서 "하늘나라(heavenly kingdom)에 간다."라고 하는 말이 정확한 표현이다.

『그 때부터 예수께서 전파하기 시작하여, 말씀하시기를 "회개하라, 천국이 가까이 왔느니라."고 하시더라』(마 4:17).

『그 무렵에 침례인 요한이 와서 유대 광야에서 전파하여, 말하기를 "너희는 회개하라. 천국이 가까이 왔느니라."고 하니』(마 3:1,2).

여기서 우리가 알 수 있는 것은 처음에 요한과 예수님께서 전한 복음은 이방인들을 위한 복음이 아니라는 사실이다. 이 복음은 천국복음인데, 이것은 메시아가 오셔서 이스라엘을 통치한다는 메시지이다. 그 대상은 유대인이며, 천국에 들어가기 위해서는 회개가 필요하다. 여기서 회개란 죄에서 완전히 돌이킨다는 말이며, 예수 그리스도를 메시아와 왕으로 받아들이는 것을 의미한다(마 2:6).

마태복음 5:20에서 『내가 너희에게 말하노니, 너희의 의가 서기관들과 바리새인들의 의보다 뛰어나지 못하면 결코 천국에 들어가지 못하리라.』고 말씀하신 것과 같이, 지금 우리는 우리 자신의 의가 아닌 "예수 그리스도의 의"와 "보혈"을 믿고 "천국"이 아닌 "하나님의 나라"에 들어간다(롬 14:17). 즉 우리는 회개했기 때문에 구원을 받은 것이 아니라 믿음이 있기 때문에 구원을 받은 것이다. 만일 어떤 사람이 이 시대에 "천국복음"을 전한다면, 그는 "다른 복음"을 전함으로 인해 저주를 받게 될 것이다(갈 1:8,9). 지금 천국에 들어갈 만큼 선한 사람이 있다면 그는 예수님의 보혈이 필요 없는 사람이기 때문에 구원을 받을 수 없다.

2. 하나님의 나라 (The Kingdom of God)

"하나님은 영"(요 4:24)이시라는 사실을 염두에 두기 바란다. 하나님은 영이시기 때문에 하나님의 나라는 영적인 나라를 말한다. 다음 몇 구절은 하나님의 나라를 정의하고 있는 구절들이다.

> 『...혈과 육은 하나님의 나라를 상속받을 수 없으며 썩을 것은 썩지 아니하는 것을 상속받을 수 없느니라』(고전 15:50).
>
> 『하나님의 나라는 먹고 마시는 것이 아니라 다만 성령 안에서 의와 화평과 기쁨이라』(롬 14:17).

여기서 먹고 마시는 것은 물질적인 것이다. 하지만 성령 안에서 의와 화평과 기쁨은 보이지 않는 영적인 것이다.

『또 사람들이 '보라, 여기 있다!' 또는 '보라, 저기 있다!'고도 말하지 못하리니, 보라, 이는 하나님의 나라가 너희 안에 있기 때문이라』(눅 17:21).

하나님의 나라는 우리 안에 있으나 하늘은 우리 안에 없다. 이처럼 하나님의 나라는 영적인 나라임을 알 수 있다.

『진실로 진실로 내가 너에게 말하노니, 사람이 거듭나지 아니하면 하나님의 나라를 볼 수 없느니라』(요 3:3).

『우리의 전쟁 무기는 육신적인 것이 아니요, 오직 하나님을 통하여 견고한 요새들을 무너뜨리는 능력이라』(고후 10:4).

우리는 이 땅을 차지하기 위해 전쟁을 하는 것이 아니라 영적인 전쟁을 하고 있으므로 영적인 무기가 필요하다. 그러므로 우리의 무기는 물질적인 것이 아니라 영적인 것이다.

사람들이 일반적으로 같은 내용이라 생각하는 누가복음과 마태복음을 비교하면서 좀 더 깊이 천국과 하나님의 나라의 차이점을 살펴보자.

(1) 계보

마태복음의 기록 목적은 "유대인들의 왕"을 계시하는 것이다. 그렇기 때문에 첫 장부터 유대인의 왕의 계보가 나오며(마 1장), 반면에 누가복음은 이방인들을 위한 메시지이기에 그 계보가 마태복음과 다르다(눅 1:1-4).

(2) 달란트와 므나

많은 사람들은 이 두 비유를 보통 같은 것으로 알고 있다.

① 그러나 두 비유에는 지시되는 나라가 서로 다르다.

『천국은 마치 어떤 사람이 먼 나라로 여행하면서 자기의 종들을 불러 그들에게 자기 재산을 맡기는 것과 같으니라』(마 25:14).

『...이는 주께서 예루살렘에 가까이 계시므로 그 사람들은 하나님의 나라가 당장 나타나는 줄로 생각하고 있었기 때문이라』(눅 19:11).

	대상	제시되는 나라
마태복음	유대인	천국
누가복음	이방인	하나님의 나라

② 따라서 단위도 틀리며 나누어 주는 양도 다르다.

『그가 각자의 능력에 따라 한 사람에게는 다섯 달란트[유대인의 단위]를, 또 한 사람에게는 두 달란트를, 또 다른 사람에게는 한 달란트를 주고 곧 여행을 떠났더라』(마 25:15).

『그리하여 자기의 종 열 명을 불러 그들에게 열 므나[이방인들의 단위]를 주며 말하기를 '내가 올 때까지 장사하라.'고 하였더니』(눅 19:13).

③ 보여 주는 보상도 서로 다르다.

『그의 주인이 그에게 말하기를 '잘하였도다. 착하고 신실한 종아. 네가 적은 일에 신실하였으니 내가 너로 많은 것들을 다스리도록 하리라. 네 주인의 기쁨에 동참하라.'고 하더라』(마 25:21).

『그에게 말하기를 '잘하였다, 착한 종아. 네가 아주 작은 일에 신실하였으니 열 성읍을 다스리는 권세를 가지라.'고 하더라』(눅 19:17).

④ 심판이 다르다.

『너희는 그 쓸모없는 종을 바깥 흑암에 내어 던지라. 거기서 울며 이를 갈고 있으리라』(마 25:30).

『내가 너희에게 말하거니와, 가진 사람은 받을 것이지만 갖지 못한 사람은 가진 것마저도 빼앗기리라』(눅 19:26).

거듭난 사람은 하나님의 나라에 있기 때문에 그리스도인으로서 신실하게 살지 않으면 그리스도의 심판석(고전 3:12-15)에서 상은 잃을지언정, 천국과 관계되는 유대인같이 바깥 흑암에 던져지지는 않는다. 복음서는 서로 다른 관점으로 기록하고 있다.

유대인들이 메시아를 영접하여 왕으로 받아들였더라면 실제적인 "천국"이 왔을 것이다. 그러나 이방인들에게는 영적인 나라인 "하나님의 나라"를 말씀하신다. 즉 천국은 "이 땅에서 하나님께서 이스라엘을 통하여 직접 통치하시는 나라"이고, 하나님의 나라는 "믿는 사람들이 거듭나서 들어가는 영적인 나라"임을 알 수 있다. 이제 영적인 왕국과 실제적 왕국이 어떻게 성경에 계시되어 있는지를 살펴보자.

3. 성경의 주제는 왕국이다

성경의 주제는 무엇인가? 많은 기독교인들은 "영혼을 구원하는 것"이 성경의 주제라고 생각한다. 그렇다면 그 사람에게는 로마서와 갈라디아서 정도면 충분할 것이고, 어쩌면 잘 만들어진 전도지 한 장만 있으면 충분할 것이다.

그러나 디모데전서 2:4은 『하나님께서는 모든 사람이 구원을 받고 진리의 지식에 이르기를 원하시느니라.』고 말씀하신다. 구원을 받은 사람에게는 더 이상 구원을 위해 할 일이 없다. 그 다음에 우리가 할 일은 "진리의 지식"에 이르는 것이다. 많은 사람들이 구원을 최종 목적지로 생각하고 교회를 다니는 경우가 있다. 그 사람은 참으로 어리석은 사람이다. 구원을 강조한 부류들일수록 성경대로 믿고 실행하는 경우가 드문 이유를 아는가? 그들은 구원을 말하면서도 진리의 지식을 얻는 것은 소홀히 한다.

왜냐하면 구원은 믿음의 경주에 선수로 참가하는 것에 불과하기 때문이다. 그리스도인은 상을 받기 위해 경주하는 선수이지, 선수가 되기 위해 노력하는 이들이 아니기 때문이다(딤후 4:7).

소위 근본주의를 표방하는 교회들이 창세기 1:1에서 요한계시록 22:21에 걸쳐 성경 전체를 구속에 적용시켜, 365일을 구원의 복음만을 전하는 것을 볼 수 있다. 모인 회중이 다 구원받은 사람일진대 이들에게 왜 또 구원의 복음이 필요하겠는가? 한 번 구원받은 사람에게는 헌신이 요구되며, 그 마음에 변화를 받아야 할 필요성이 있다(롬 12:1,2). 그래야 그들이 주님께 더 가까이 나아가서 하나님의 뜻을 분별하고 하나님의 뜻을 실행하는 그리스도의 역군이 될 수 있는 것이다. 그리스도인은 영적 전쟁을 싸우는 그리스도의 전사들이다. 우리는 악한 영적 세력들을 대항하기 위해 완전무장을 해야 한다. 이것은 그리스도인의 필수 요건이다(엡 6:10-18). 그리고 마귀의 계략과, 진리를 왜곡시키고 복음을 변질시키며 거짓 은사로 사람들을 불러 모아 세상을 잘 사는 법을 가르쳐 주고 그들에게서 돈을 거둬들이는 일들을 삼가야 한다. 교회란 이름하에 하나님, 예수님, 성령님을 팔아 치부하는 것은 어느 면으로 보나 하나님의 일이 아닌 것이다. 그런 일들을 폭로하여 다른 사람들로 희생자가 되지 않게 해야 한다.

세상에 속한 사람을 그리스도의 나라로 옮겨오는 것은 사역의 기본이다. 그러나 거듭난 그리스도인은 말씀으로 자라야 한다. 거듭났다고 자동적으로 성장하여 그리스도의 역군이 되는 것은 아니다. 그는 진리의 지식으로 무장해야 한다. 예수 그리스도의 나라에는 일꾼이 필요하고 용사가 필요하다. 악한 세력들은 말씀을 변질시키고 있고, 그들의 거짓 교사들을 그들의 교리로 양성시키고 있으며, 거짓 교리를 확산시키고 있고, 유사한 교회들을 세워 하나님의 피로 사신 교회인 양 십자가를 내세우고 있으며, 그리스도의 복음을 전파하는 선교사를 내보내는 것이 아니라 교단 교리를 확산시키기 위해 사람을 내보내어 순수한 성경적 진리를 파괴시키고 있다. 이런 일들을 방지하기 위해서는 구원의 복음만을 전해가지고서는 안 된다. 하나님의 나라에 필요한 일꾼들을 양성해야 한다.

성경의 주제는 "이 우주에서 누가 왕이고 누가 권위를 가지고 있는가?"이며, 지금도 "누가 한 나라의 대통령인가?," "누가 교회에서 권위를 가지고 있는가?"가 최대의 이슈이다. 바로 권위가 중요한 문제가 된다. 많은 교회가 분열되는 원인들 중 가장 큰 원인은 권위를 잘못 사용하는 것과, 바른 권위에 대항하는 것이다. 가정에서도 누가 권위를 가지고 살림을 꾸려 나가는 것인가가 중요하다. 많은 여성들이 자신이 가정의 권위를 가지고 자신이 한번 꾸려 나가겠다고 생각하고 있는데, 그것은 결코 바람직하지 못하다.

다시 한 번 말하지만 성경의 핵심 주제는 "누가 권위를 가지고 행사할 수 있는 '왕국'을 가지고 있느냐?"의 문제이다. 만일 성경의 주제가 "구속"이라면 성경이 그리 두꺼울 필요가 없을 것이다.

하나님께서는 "세상이 시작되기 이전"에 영생을 약속하셨는데(딛 1:2), 이는 아버지와 아들과 성령께서 약속하신 것이었다. 이 약속은 인류의 타락을 미리 아셨기 때문에, "세상의 기초가

놓이기 이전에" 그리스도 안에서 구속하시기로 결정하신 것이다(엡 1:4,10, 벧전 1:20). 이 창조의 주체와 목적과 중심은 바로 예수 그리스도였다(골 1:16, 계 4:11). 즉 모든 것들로부터 영광과 높임을 받으실 분은 어떤 다른 피조물이 아니라 바로 예수 그리스도이시며, 그분께 모든 권세가 위임된 것이었다.

하나님께서 인간을 창조하신 목적을 살펴보면 먼저 그분을 위해 창조하신 것이다. 하나님께서 우리를 사랑하신다고 해서 그분이 우리를 위해 계신 것이 아니다. 우리가 그분을 위해 있는 것이다.

하나님이 창조를 시작하셔서 "시간"이라는 것이 시작되기 이전에는 하나님 한 분만이 계셨다. 그런데 하나님의 성품이 사랑이시고, 또 그 사랑을 나타내실 때 이 사랑에 반응할 피조물이 필요하셨기에 창조를 시작하셨던 것이다. 그래서 성경의 첫 구절은 "태초에"(In the beginning)로 시작되고 그때 시간이 시작된 것이다. 과학은 이 사실을 모르고 있기에 이제껏 뒤쳐져 있다가 아주 최근에야 시간과 공간의 첫 번째 시작이 있었다는 것을 겨우 밝혀냈다.

(1) 루시퍼

하나님께서는 하늘과 땅을 창조하시고 이를 다스릴 자로 루시퍼를 세우시어 그에게 권위를 위임하셨다. 에스겔서 28장에서 우리는 루시퍼가 아주 아름다운 피조물임을 알 수 있다.

>『네가 하나님의 동산 에덴에 있어 모든 귀한 돌인 홍보석과 황옥과 금강석과 녹보석과 얼룩마노와 벽옥과 사파이어와 에메랄드와 홍옥과 금으로 덮여 있었고 네 북들과 관악기들이 만들어짐이 네가 창조되던 날에 네 안에 예비되었도다. 너는 기름부음을 받은 덮는 그룹이라. 내가 너를 그렇게 세웠더니 네가 하나님의 거룩한 산 위에 있었고 네가 불의 돌들 가운데를 위아래로 걸었도다』(겔 28:13,14).

여기에서 루시퍼는 하나님의 동산 에덴에 있었고, 하나님께서 창조하신 것들을 보고 찬양하는 것을 볼 수 있다. 또한 그는 "기름부음을 받은(그리스도) 덮는 그룹"이라고 불렸다. 여기서 그리스도는 예수님이 아니라 사탄인 그리스도를 말한다. 따라서 우리는 예수 그리스도와 적그리스도를 잘 구분해야 한다. 그리스도란 말은 "기름부음 받은 자"란 뜻이기 때문에, 그 자체만으로는 예수 그리스도를 지칭하지 않는다.

하나님께서 창조하신 "하나님의 아들들"이라 불리는 많은 천사들이 있었다. 하나님께서 욥에게 질문을 하실 때, 『내가 땅의 기초들을 놓을 때 네가 어디 있었느냐?... 언제 새벽별들이 함께 노래했으며 하나님의 아들들이 모두 기뻐서 소리쳤느냐?』(욥 38:4,7)라고 말씀하신 것을 보아, 이 땅을 만들기 이전에 "루시퍼"와 "하나님의 아들들"이 창조되었다는 것을 알 수 있다. 즉 하나님께서 너무나 아름다운 우주를 창조하셨기에 하나님의 아들들은 찬양을 올렸는데, 여기서 루시퍼는 총지휘자가 된 것이다.

『오 아침의 아들 루시퍼야, 네가 어찌 하늘에서 떨어졌느냐! 민족들을 연약하게 하였던 네가 어찌 땅으로 끊어져 내렸느냐! 이는 네가 네 마음속에 말하기를 "내가 하늘에 올라가서 내가 내 보좌를 하나님의 별들보다 높일 것이요, 내가 또한 북편에 있는 회중의 산 위에 앉으리라. 내가 구름들의 높은 곳들 위로 올라가, 내가 지극히 높으신 분같이 되리라." 하였음이라. 그러나 너는 지옥까지 끌어내려질 것이요, 구렁의 사면에까지 끌어내려지리라』(사 14:12-15). [여기서 한글개역성경은 "루시퍼"를 "계명성"이라고 변개시켰는데, 계명성은 "새벽별"을 말하는 것으로 예수 그리스도의 이름이다. 결과적으로 한글개역성경은 사탄인 루시퍼에게 예수 그리스도의 이름을 붙여 준 것이다(계 22:16).]

그런데 여기서 우주의 역사상 최초의 교만이라는 것이 등장한다. 루시퍼는 자신의 위치를 지키지 아니하고 하나님의 보좌 위까지 올라가고자 하였다. 이것은 하나님께서 창조 전에 계획하셨던 예수 그리스도를 가장 높이시고자 했던 계획에 대한 반란이었다. 그래서 하나님께서는 그를 땅으로, 지옥까지 끌어내리시겠다고 말씀하신다.

바로 이때가 루시퍼의 교만을 심판하시기 위해 전 우주를 물로 심판하신 때이다. 그래서 이 심판으로 인하여 다음과 같이 되었다.

> 『땅은 형체가 없고 공허하며 어두움이 깊음의 표면에 있으며 하나님의 영은 물들의 표면에서 거니시더라』(창 1:2).

창세기 1:1에서 하나님께서는 하늘과 땅을 완벽하게 창조하셨는데, 2절에서는 땅이 형체가 없고 공허하게 된 것이다. 이것으로 창세기 1장 1절과 2절 사이에 알 수 없는 긴 시간이 있었다는 것을 알 수 있다. 그런데 어떤 사람들은 이 사실을 잘 모르고 성경적 근거도 없이 지구의 나이가 6,000년이라고 주장한다. 어쨌든 온 세상은 물에 잠겨 심판을 받고 다시 창조된 것임을 알 수 있다. 성경으로 이 사실을 확인해 보도록 하자.

『먼저 알 것은 이것이니 마지막 날들에 조롱하는 자들이 와서 그들의 정욕대로 행하며, 말하기를 "그가 온다는 약속이 어디 있느냐? 조상들이 잠든 이래로 만물은 창조의 시작부터 그대로 있다." 하리니 이는 그들이 이것을 고의로 잊으려 함이라. 즉 하나님의 말씀에 의해 하늘들이 옛적부터 있었다는 것과, 땅도 물에서 나왔고 물 안에 있었다는 것이니 이로써 이전에 있던 세상은 물이 범람해서 멸망하였느니라. 그러나 현재 있는 하늘들과 땅은 그 동일한 말씀으로 보존되어 있으되 경건치 아니한 자들의 심판과 멸망의 날에 불사르려고 간수되어진 것이니라』(벧후 3:3-7).

여기에 "홍수"라는 말이 나온다고 해서 많은 사람들은 이 홍수를 노아의 홍수라고 생각하는데, 자세히 보면 이것은 노아의 홍수와 관계가 없다. 성경은 땅이 물에서 나와 생성되었다고 하는데, 노아 때는 단지 물로 뒤덮여 있었을 뿐이다. 또 이전의 세상은 홍수로 멸망당하였다고 하는데, 지금의 세상은 노아 이전의 세상과 같은 땅과 하늘이지 새로운 세상이 아니다. 따라서 이것은 노아의 홍수가 아니라 루시퍼의 반란에 대한 심판이다. 그래서 창세기 1:3-27은 하나님께서 재창조하신 것이다.

하나님은 절대 권위를 가지신, 최고의 권위를 가지신 왕이다. 그래서 자신의 권위를 다른 사람이나 인격에게 위임하여 주시는데, 맡긴 권위를 하나님의 뜻에 따라 제대로 사용하지 않게 되면 그를 심판하고 그 권위를 빼앗으실 수 있다.

(2) 아담

장세기 1:28에서 아담은 "다시 채우라"(replenish, 한글개역성경에는 "다시"라는 말을 삭제했음.)는 명령을 받는다. 노아 역시 창세기 9:1에서 같은 명령을 받는다. 이 땅에 누군가 가득 살고 있었으므로 "다시 채우라"는 말씀을 하신 것이다. 이들은 바로 타락한 천사들, 즉 구약의 "하나님의 아들들"이었다. 이전에 있던 자들, 즉 하나님의 아들들은 심판을 받았고 그 권위는 아담에게 주어졌다. 노아도 홍수 이전에 사람들이 가득 살고 있었으므로 "다시 채우라."는 명령을 받은 것이다.

하나님께서는 아담에게 눈에 보이는 왕국, 즉 동물과 식물과 땅을 다스리는 왕권을 주셨다. 아담은 눈에 보이는 왕국, 즉 천국을 받았고(창 1:28), 또한 아담은 하나님의 아들로서 지음을 받았기 때문에 하나님과 영적으로 교제를 나눌 수 있는 "하나님의 나라"에 있었다(눅 3:38). 하지만 아담은 이브가 뱀에게 속아 죽자 그도 따라서 고의로 말씀을 어기고 죽는다(딤전 2:14, 엡 5:25). 아담은 선악과를 따먹은 후 즉시 죽지 않고 약 900년을 더 살았으나 영적으로는 죽어 있었다. 아담 안에 죄가 들어오자 모든 인류는 아담 안에 있었기 때문에 죄성을 가지게 되고 하나님과의 영적인 관계가 단절된다.

사탄은 결국 아담을 타락시켜 승리한다. 또한 하나님께 행할 경배를 자기에게 하도록 만들고 아주 기뻐하는 것을 본다. 이때부터 영적인 하나님의 나라는 하나님께서 가져가셔서 이 땅에는 하나님의 나라가 없게 되었다. 또한 아담은 영적으로 죽었을 뿐만 아니라 사탄에게 패배했기 때문에 이 땅의 왕국도 빼앗겼다.

이때부터 사탄은 하나님께서 이루시려는 천국에 대해서 끊임없이 방해한다. 그는 선악과를 따먹게 하여 범죄하게 하더니, 아담에게 여자의 "씨"를 통해 사탄을 이길 것을 약속하신 하나님의 언약을 무너뜨리려고 또다시 방해를 하는데, 그것은 약속의 씨가 나오지 못하도록 카인으로 하여금 아벨을 죽이게 하는 것이다.

(3) 노아

이제 사람은 두 왕국을 모두 잃어버렸고, 하나님께서는 사람이 더욱더 악해지는 것을 보시고 후회하시며 심판하시기로 결정하신다(창 6:5-7).

하지만 하나님 앞에 은혜를 받은 한 사람이 있었는데 그는 노아이다. 하나님께서는 노아에게 방주를 만들라고 말씀하시고 노아를 통해 사람들에게 경고하셨다(벧후 2:5, 유 1:14,15). 그러나 그 경고는 받아들여지지 않았고, 결국 8명만이 살아남았을 뿐 이 땅의 모든 사람은 멸망당하게 된다.

『하나님께서 노아와 그의 아들들에게 복을 주시며 그들에게 말씀하시기를 "다산하고 번성하여 땅을 다시 채우라. 너희를 두려워함과 너희를 무서워함이 땅의 모든 짐승들과 공중의 모든 새들과 땅 위에서 움직이는 모든 것들과 바다의 모든 고기들에게 미치리니, 그들이 너희 손에 넘겨졌음이라』(창 9:1,2).

이제 하나님께서는 아담이 빼앗긴 천국의 왕권을 노아에게 주신다. 노아가 방주에서 나왔을 때 아담에게 주었던 동일한 명령을 주신 것이다. "다산하고 번성하여 땅을 다시 채우라." 이때 사람들이 모두 죽었기 때문에 다시 채우라고 말씀하신 것인데, 이는 이전에 아담이 받은 명령과 같은 것이었다.

그러나 노아도 술에 취해 벌거벗으므로 죄를 지어 노아에게서도 그 왕국은 다시 떠나 버린다. 사탄이 천국에 대하여 또 다시 방해를 한 것이다. 그 후 사탄은 적그리스도의 모형인 님롯을 통하여 바벨탑을 쌓는다.

사람들은 더욱더 악해져서 바벨탑을 쌓기에 이르렀고, 하나님께서는 님롯의 왕국(사탄의 왕국)의 언어를 혼잡하게 하여 인류를 흩으신다.

『그가 주 앞에서 힘센 사냥꾼이었으므로, 사람들이 말하기를 "주 앞에 님롯 같은 힘센 사냥꾼이라." 하더라. 그의 왕국의 시작은 시날 땅에 있는 바벨과 에렉과 악캇과 칼네에서였으며』(창 10:9,10).

(4) 아브라함

하나님의 계획은 바뀌었다. 이때부터 하나님께서는 세상 전체를 다루시지 않고 한 사람 아브라함을 부르시어, 이 사람에게도 마찬가지로 실제의 "땅"을 주시겠다고 약속하신다. 이처럼 왕국은 실제적인 땅과 관련 있는 것임을 알 수 있다. 즉 이 땅은 하나님이 이스라엘에게 주시기로 약속하신 땅이다.

『내가 너로 큰 민족을 이루게 할 것이며 네게 복을 주고 네 이름을 위대하게 하리니, 너는 복이 되리라. 너를 축복하는 자들에게 내가 복을 주고 너를 저주하는 자를 저주하리라. 네 안에서 땅의 모든 족속들이 복을 받을 것이라... 아브람이 그 땅을 통과하여 세켐 땅 모레의 평지에 이르니, 그때에 카나안인들이 그 땅에 있더라. 주께서 아브람에게 나타나시어 말씀하시기를 "내가 이 땅을 네 씨에게 주리라." 하시니, 그가 그 곳에다 자기에게 나타나신 주께 제단을 쌓았더라』(창 12:2,3,6,7).

하나님께서는 노아와 마찬가지로 복을 주실 것을 약속하시고 또한 땅과 큰 민족을 이룰 것과 "씨"를 약속하신다.

이때 사탄은 다시 방해를 하는데, 이집트에서 아브람이 자기 아내 사래를 누이라고 속임으로써 하마터면 사래가 파라오의 아내가 될 뻔 했던 것을 하나님께서는 씨를 혼잡케 하려는 사탄의 시도로부터 아브람을 보호해 주셨다. 그 후 아브람에서 그 이름을 아브라함으로 바꿔 주셨고 사래도 사라로 바꿔 주신 후에 아브라함은 소돔과 고모라의 멸망을 보고 남쪽으로 이동한 적이 있었다. 그가 그랄 땅(창 20장)에 왔을 때도 그랄 왕 아비멜렉에게 자기 아내를 누이라고 속였으나 이번에도 하나님께서는 씨를 혼잡케 하려는 사탄의 계략으로부터 아브라함과 사라를 지켜 주셨던 것이다. 하나님께서는 약속의 씨를 보호하시기 위해 꿈에 아비멜렉에게 나타나 그 일을 막으셨다(창 20:6).

(5) 이삭

하나님께서는 이삭에게도 아브라함에게 하신 것과 동일한 약속을 주신다.

『내가 네 씨를 하늘의 별들처럼 번성하게 할 것이며, 이 모든 지역들을 네 씨에게 주리라. 네 씨 안에서 땅의 모든 민족들이 복을 받으리라』(창 26:4).

(6) 야곱

야곱에게도 동일한 약속이 이어진다.

『백성이 너를 섬기고 민족들이 네게 절하며, 네 형제들 위에 주가 되고, 네 어미의 아들들이 네게 절하며 너를 저주하는 모든 자는 저주를 받고 너를 축복하는 모든 자는 복을 받을지어다』(창 27:29).

여기서 이스마엘이나 에서는 약속에서 제외된다.

(7) 유다

하나님께서는 야곱이 죽기 전에 예언을 통해 유다에게서 홀(왕권)이 떠나지 않을 것을 말씀하신다. (요한계시록 5:5의 유다 지파의 사자인 다윗의 뿌리, 그리스도를 보라.)

『유다는 사자의 새끼로다. 내 아들아, 네가 먹이를 놓고 올라갔구나. 그는 몸을 구부리고 웅크림이 사자 같고, 늙은 사자 같으니, 누가 그를 성나게 하리요? 홀이 유다에게서 떠나지 않을 것이며 실로가 오실 때까지 입법자가 그의 발 사이에서 떠나지 아니하리니, 그에게 백성의 모임이 있을지어다』(창 49:9,10).

(8) 모세와 이스라엘

『모세가 우리에게 율법을 명령하였으니, 곧 야곱의 회중의 유업이라. 백성의 우두머리들과 이스라엘의 지파들이 다 함께 모였을 때 그는 여수룬에서 왕이었도다』(신 33:4,5).

여기서 모세를 왕으로 기록하고 있는 것에 유의하고, 또한 다음 구절에서 이스라엘이 제사장의 왕국으로서 구별된 민족임을 말하고 있음을 유의하라.

『너희는 나에게 제사장들의 왕국이 되며 거룩한 민족이 되리라.' 이것이 네가 이스라엘의 자손에게 고할 말이니라』(출 19:6).

그러나 여기서도 사탄의 방해는 여전하니, 즉 광야에서의 계속적인 시험으로 이스라엘로 하여금 죄를 짓게 하고, 다시 이집트로 돌아가겠다고 불평하게 하여서 하나님의 모든 계획을 무너뜨리려 한 것이다.

(9) 여호수아-사울

여호수아가 모세를 이어 새 지도자가 되어, 마침내 모세의 권위를 계승하여 약속의 땅을 이어받게 된다. 사탄은 이때 카나안 땅에서 이스라엘로 하여금 바알을 숭배하도록 만들고 또 이스라엘에게 하나님 대신 왕을 구하도록 만든다.

『그러나 백성이 사무엘의 음성에 복종하기를 거절하며 말하기를 "아니니이다. 그래도 우리는 우리를 다스릴 왕을 두어 우리 또한 모든 민족들과 같이 될 것이요 우리 왕으로 우리를 재판하고, 우리 앞에 나가서 우리의 싸움을 싸우도록 할 것이니이다." 하더라』(삼상 8:19,20).

이들은 자신들이 성별된 민족임을 잊고, 민족적으로 하나님을 거역하고 왕을 구하여 적그리스도의 유형인 사울을 왕으로 뽑는다. 하지만 사울은 "베냐민 지파"이지 약속된 "유다 지파"가 아니었다.

(10) 다윗

하나님께서는 유다 지파에서 그리스도의 유형인 다윗을 왕으로 선택하신다.

> 『주께서 사무엘에게 말씀하시기를 "내가 사울을 거절하여 이스라엘을 다스리지 못하게 함을 보고 네가 언제까지 사울을 위하여 슬퍼하겠느냐? 네 뿔에 기름을 채워 가지고 가라. 내가 너를 베들레헴 사람 이새에게 보내리라. 이는 내가 그의 아들들 중에서 한 왕을 내게 예비하였음이라." 하시더라』(삼상 16:1).

시편 등을 통해 볼 때 다윗이 예수 그리스도의 유형이라는 것은 매우 명확하다.

그러나 이때에도 사탄의 방해는 여전하다. 사탄은 사울을 통해 다윗을 죽이려 하고(삼상 19장), 궁전에서 목욕하는 여인을 바라보게 해서 살인과 간음죄를 저지르게 하여 다윗의 아들을 죽게 한다. 또한 다윗을 교만하게 하여 인구조사를 하게 한다.

하지만 다윗에게는 특별한 은혜가 있었기에 그는 버림을 받지 않았다. 다윗은 하나님의 계획 속에 든 인물로서 하나님으로부터 확실한 자비를 받은 인물이었다.

(11) **솔로몬**

그의 약속은 솔로몬에게 이어진다(왕상 1:30). 그러나 솔로몬의 불순종으로 왕국이 둘로 나뉘게 된다. 그래도 약속대로 왕은 유다 왕국을 통하여 이어진다.

우리는 성경 전체에서 계속해서 주님께서는 한 사람에게 왕국을 다스리게 하시는 것을 볼 수 있다. 그러나 이 왕국은 "천국"이지 "하나님의 나라"가 아니다.

아담의 타락 이후 예수 그리스도의 십자가 사건이 있기까지 "하나님의 나라"는 나타나지 않는다. 따라서 구약 성도들은 거듭나야 들어가는 영적인 하나님의 나라에 들어가지 못한 것이다.

드디어 유다 왕국은 죄를 짓고(렘 11장) 하나님께서는 그들의 왕국을 바빌론에 내어주신다. 그리고 여코냐에게는 자식이 없을 것이며 그의 씨에서는 다윗의 보좌에 앉을 자가 없을 것이라고 예언을 하신다(렘 22:30). 예언대로 유다 왕국은 느부캇넷살왕이 차지하고 백성들은 바빌론으로 잡혀간다.

『주가 이같이 말하노라. 너희는 이 사람이 자식이 없겠고 그의 평생에 번성치 못할 사람이라고 쓰라. 이는 그의 씨에서는 아무도 번성치 못하며 다윗의 보좌에 앉아 유다를 다스릴 자가 더 이상 없을 것임이라』 (렘 22:30).

하나님께서 예언하신 말씀대로 B.C. 606년에 바빌론에 의해 유다 지파 여코냐도 왕권을 빼앗기게 된다. (예레미야 애가 5:16에서 『면류관이 우리의 머리에서 떨어졌으니...』라고 한다.)

테드 암스트롱이라는 사람은 이 구절만 인용하여 유다의 홀(왕권)은 영국으로 건너와 계승되었다는 이단적 주장을 하기도 하는데, 만일 우리가 이 구절만 읽으면 테드 암스트롱의 주장을 따라 갈는지도 모르겠다. 하지만 다음 구절을 보자.

『내가 그 날들, 그리고 그 때에 의로운 가지를 다윗에게 자라게 하리니 그가 이 땅에 심판과 의를 실행하리라. 그 날들에 유다가 구원을 받겠고, 예루살렘은 안전하게 거하리라. 이것이 그 이름이니 성읍은 '주 우리의 의'라 불리리라. 주가 이같이 말하노라. 이스라엘 집의 보좌에 앉을 사람이 다윗에게는 한 사람도 부족하지 아니할 것이요』(렘 33:15-17).

이 말씀에 의하면 이스라엘은 다시 회복된다. 그렇다면 하나님의 말씀이 서로 모순이 되는가? 이와 같이 말씀이 서로 모순되는 것처럼 보일 때 테드 암스트롱이 나타나 "아, 그것은 모순되지 않는다. 그 홀은 영국으로 이어졌기 때문이다."라고 주장하여 어떤 사람들은 그의 거짓 주장에 넘어가기도 한다.

여기서 여코냐에게는 자식이 없고 또한 그의 씨에서는 아무도 다윗의 보좌에 앉을 자가 없다는 것은 사실이다. 이 말씀대로 예수 그리스도께서는 여코냐의 씨가 아니다. 분명히 기억해야 할 사실은 요셉이 실제적인 예수 그리스도의 아버지가 될 수 없다는 사실이다. 그래서 성경에서는 "주의 부모"가 아니라 "요셉과 주의 모친"으로 기록하고 있다. 그러나 알렉산드리아 계열의 성경들은(한글개역성경 포함) "그의 부모"라고 성경을 변개시켜 예수님이 요셉의 아들인 것처럼 암시하고 있다(눅 2:33). 이런 것들은 예수 그리스도의 신성을 부인하려는 저의에서 나온 것이다.

요셉이 예수님께 법적인 아버지는 될 수 있을지라도 예수 그리스도와 혈연관계는 전혀 없다.

하나님께서는 그리스도가 처녀에게서 잉태하실 것이기 때문에 여코냐의 씨가 왕위에 오르지 못할 것이라고 하신 것이다. 그러나 솔로몬에게서 이어온 왕권은 혈연과 관계없이 이어졌고, 육신은 마리아의 계보를 통하여 오신 것이다.

<마태복음과 누가복음의 계보의 차이점>

마태복음의 왕(Royal)의 계보(1:1-17)	누가복음의 왕(Legal)의 계보(3:23-38)
다윗 → 솔로몬 → ... → 여코냐 → (왕이 없음) → 요셉	다윗 → 나단→ ... → 마리아
왕권만 예수 그리스도께 이어진다.	성육신하신 하나님이 마리아를 통해 육신을 입고 태어나셨다.

암스트롱은 문맥에 맞지 않게 한 구절만 취하여 자기 주장에 짜맞추어 왕권이 영국으로 이어졌다고 거짓말을 했던 것이다.

"다윗에게는 한 사람도 부족하지 않으리라"는 앞의 구절을 읽어 보면 이때는 어느 특정한 날과 때, 이 땅을 심판하고 유다를 구원하는 날, 즉 "재림"을 말하고 있다는 것을 알 수 있다. 이 때의 왕은 "유다 지파의 사자"인 예수 그리스도이시다. 그분이 보좌에 앉으시면 어느 누구도 그 보좌에서 그분을 쫓아낼 자가 없다.

다시 정리하면 아담은 영적으로 죽어 하나님의 나라를 잃었고, 그 이후 노아, 아브라함, 모세, 다윗, 솔로몬 등을 통하여 하나님께서 이 땅을 다스리시는 왕국, 즉 천국이 이어져 내려왔다. 그러나 결국 B.C. 606년에 이 왕국도 끝이 나고, 그 이후로 이 땅은 이방인들의 차지가 되어 “이방인들의 때”(눅 21:24)가 시작되고, 이방인들은 “왕국”을 빼앗기 위해 서로 전쟁을 하는 것을 알 수 있다(메대 페르시아, 그리스, 로마 등을 보라). 그래서 이때부터 하나님께서 통치하시는 왕국, 즉 “천국”은 사라져 버렸다. 그때부터 약 400년 동안 하나님께서는 어떤 선지자도 일으키지 않으셨다. 따라서 하나님의 계시를 받을 수 있는 통로를 얻지 못한 채 유대인들은 하나님께서 약속하신 메시아를 기다리고 있었다.

400여 년의 긴 침묵을 깨고 침례인 요한이 기적적으로 출생하였고 예수님도 그보다 6개월 뒤에 육신으로 태어나신다. 예수님은 분명히 왕으로 통치하려고 오셨고, 침례인 요한은 왕이 오신다는 전령으로 기쁜 소식을 전하려고 왔던 것이다. 침례인 요한과 예수 그리스도께서 오셔서 사역에 임하시어 첫 번째 전파하신 말씀은 “회개하라. 천국이 가까이 왔느니라.”였다. 그때에 세상의 왕국을 통치하고 관장하는 자는 바로 “공중 권세의 통치자”인 사탄이었다(엡 2:2, 마 4:8,9). 사탄이 가지고 있는 권세는 천국에 대한 권세가 아니라 세상 나라일 뿐이다. 성경에서는 동일하지 않은 것은 다른 것이다. 예를 들면 “주의 나라”와 “하나님의 나라”는 같지 않기 때문에 다른 것이고, 공중에서 주님과 만나는 것과 지상에서 주님과 만나는 것은 다른 것이다.

『그들이 너를 사람들로부터 쫓아내리니, 너의 거처가 들의 짐승들과 함께 있게 되리라. 또 그들이 너를 소처럼 풀을 먹게 할 것이요 일곱 때가 너에게 지나고 나서야 너는 지극히 높으신 분께서 인간들의 왕국을 다스리시며 그분께서 원하시는 자에게 그것을 주신다는 것을 알게 되리라』(단 4:32). 이 구절을 들어 사탄이 이 세상을 관장한다는 말은 틀리다고 말할 사람도 있을 것이다. 물론 이 우주를 통치하시는 최고의 권위자는 하나님이시다. 하지만 하나님께서는 그분의 원함에 따라서 왕국을 치리하도록 허락하신다. 이 구절에서 잘못 이해하지 말아야 할 것은 어떤 사람들이 이러한 성경 구절을 들어 하나님께서는 원하는 자만 구원하신다라고 하는 것이다.

이 구절은 분명히 "왕국"을 언급하고 있지 "구원"을 다루고 있지 않다. 하나님께서는 모든 사람이 구원받기를 원하신다(딤전 2:4). 그러나 모든 사람이 구원받지는 못하는데, 왜냐하면 피조물에게 자유 의지를 허락하셨기 때문이다. 이것은 아담이 선과 악의 지식에서 나온 것을 먹도록 허락하시거나 사탄에게 이 세상을 지배하도록 허락하시는 것 등으로 알 수 있다. 모든 권세는 하나님으로부터 나오기 때문에 사탄조차도 하나님의 허락이 없으면 아무 일도 할 수 없다. 그래서 욥을 공격할 때 사탄은 하나님으로부터 허락을 받는다. 혹 어떤 사람이 "그렇다면 왜 하나님께서는 인간들에게 자유 의지를 허락해 주셔서 타락하게 하시며, 또 사탄을 창조하셨는가?" 하고 따진다면, "하나님께서 십자가에서 죽으심으로써 그 책임을 지셨다."고 답하면 된다. 하나님께서 인간에게 자유 의지를 주셨으나 선택할 것이 없이 한 가지만 있다면 자유 의지를 주신 명분이 없게 된다. 하나님께서는 선을 창조하셨지만 악도 창조하셨고(사 45:7), 그때에 인간이 악을 선택할 것이라고는 기대하지 않으셨다. 그러나 인간은 선 대신 악을 택하였던 것이다. 악을 만드신 하나님의 책임이 곧 갈보리의 십자가에서 죽으신 예수 그리스도이시다.

성경의 예언대로 유다 왕국이 B.C. 606년에 바빌론에 포로로 잡혀간 이후, 정확히 70년이 끝나갈 때에 그들은 다시 자신들의 땅으로 돌아온다(렘 25:12; 39:1-10).

> 『페르시아의 코레스왕이 이같이 말하노라. 하늘의 주 하나님께서 세상의 모든 왕국들을 내게 주시고 내게 명하여 유다 예루살렘에 있는 전을 그를 위하여 건축하라 하셨도다』(스 1:2).

여기서 "세상의 모든 왕국들"을 페르시아의 왕에게 주셨다는 것을 알 수 있다. 이 왕국들은 우리가 학교에서 세계사 시간에 배웠던 바빌론의 느부캇넷살, 그리스의 알렉산더, 로마 제국 등으로 이어지는 "세상의 왕국들"과 동일하다.

(12) 예수 그리스도

많은 세월이 흘러 드디어 예언된 말씀대로 예수 그리스도께서 나타나셨으며, 그분은 그들이 오랫동안 기다렸던 메시아, 즉 "유대의 왕"이 통치하는 천국을 외치셨던 것이다. 그러나 예수님께서는 동시에 "하나님의 나라"를 외치셨기 때문에 많은 신학교에서는 "천국과 하나님의 나라는 같다."라고 생각한다. 하지만 이 두 왕국은 분명히 다르다는 것을 성경에서 더 자세히 살펴보자.

예수 그리스도께서 오셨을 때 그분은 왕으로 오셨기에 "땅"과 "백성"만 준비되면 천국이 시작될 수 있었다. 또한 예수님은 "마지막 아담"으로서, 아담이 타락함으로 잃어버렸던 "하나님의 나라"도 가지고 오셨다(고전 15:22,45,50). 처음 아담이 두 왕국을 받았던 것과 같이 마지막 아담인 예수 그리스도도 두 왕국(영적인 나라와 물질적인 나라)을 가지고 오셨던 것이다. 그분은 한 처녀의 잉태를 통하여 인간으로 오셨기 때문에 "보이는 실제적인 나라"를 가질 수 있었으며, 죄가 없었기 때문에 "영적인 나라"도 가지실 수 있었다. 이 점을 간과하게 되면 성경의 핵심을 배우지 못하게 된다.

사탄은 역사상 거의 모든 사람들을 시험하여 왕권을 빼앗았듯이 역시 예수 그리스도를 시험한다.

『다시, 마귀는 주를 아주 높은 산으로 데리고 올라가서 세상의 모든 나라들과 그것들의 영광을 주께 보여 주며 말하기를 "네가 내게 엎드려 경배하면, 내가 이 모든 것들을 너에게 주리라."고 하더라』(마 4:8,9).

여기에서 사탄은 "천국"을 주겠다고 하지 않고, 경배하면 "세상의 나라들"을 주겠다고 한다. 왜냐하면 천국은 예수 그리스도가 가지고 오신 것이기 때문이다. 이 마지막 아담은 첫 아담과는 대조적으로 육신의 약함과 시험에도 불구하고 사탄의 시험을 이기신다.

당시 나라를 빼앗긴 유대인들은 성경에 약속된 메시아가 와서 자신들을 구원하여 세상에서 군림할 것을 기다리고 있었다. 그러므로 유대인들은 예수님을 보고 "아, 저분이 나의 죄를 위해 피흘려 죽으실 분이구나."라고 생각하지 않고, "아, 드디어 빼앗겼던 나라를 되찾아 우리가 최고의 나라가 되겠구나."라고만 생각했다.

수많은 설교자들이 마태복음 5,6,7장의 산상설교와 이후의 내용을 혼동하여 올바로 적용하지 못하는데, 산상설교는 예수님께서 문자적으로 통치하시는 천국에서 이루어질 일들이다. 만일 이것들을 교리적으로 교회 시대에 적용하면 대단히 엄청난 혼동을 가져올 것이다. 죄를 짓지 않기 위해 눈을 빼고, 손과 다리를 자르고, 욕을 하면 지옥불에 던져지는 천국 메시지를 가지고 오늘날 교회 시대에 교리적으로 적용하면 위험하다는 것이다. 또 교리적으로 적용하다 보면 앞뒤가 맞지 않기 때문에 혼란이 가중되어 교리가 엉망이 되기도 한다. 선교라는 미명하에 교단 선교사들이 나가서 지금도 천국복음을 전한다면 저주를 받게 된다는(갈 1:8,9) 사실을 알고 있을까?

간단한 예로 마태복음 5:2,3,5에는 다음과 같이 말씀한다.

> 『주께서 입을 열어 그들을 가르치며 말씀하시기를 "영이 가난한 자들은 복이 있나니, 천국이 그들의 것임이요... 온유한 자들은 복이 있나니, 그들이 땅을 유업으로 받을 것임이요.』

여기서 영이 가난한 자는 하늘로 올라갈 것이라고 하지 않고 천국을 준다고 하며, 온유한 자에게는 땅을 유업으로 주겠다고 약속하신다.

하지만 이들은 그분의 말씀을 거절하였으며, 예수님이 왕이라는 것을 믿지 않고 그를 죽이려 한다(마 12:14). 이때 그리스도께서는 이방인들에게로 돌이키시며, 구약에 예언된 것처럼 이방인들이 예수 그리스도께로 돌이킨다는 것을 말씀하신다(마 12:17-21). 천국복음은 이방인들과는 상관이 없는데, 왜냐하면 주님께서 제자들에게 천국복음을 위임하실 때 이방인들에게는 가지 말고 오직 이스라엘에게만 가라고 명령하셨기 때문이다. 마태복음 10:5-7에서 볼 수 있듯이 천국복음은 이스라엘에게만 전파된다. 하지만 하나님의 나라에 관한 내용은 이방인들에게도 전파된다. 『하나님의 나라는 먹고 마시는 것이 아니라 다만 성령 안에서 의와 화평과 기쁨이라』(롬 14:17).

결국 예수님은 천국이 이스라엘에 의해 거절되고 하나님의 나라가 모든 민족들에게 전파될 것을 아시고, 이방인에게 회개를 전했던 요나를 언급하신다(마 12:40,41). 즉 이방인들은 요나의 전파로 회개했는데, 요나보다 큰 자가 유대인들에게 전파했을 때 받아들이지 않음을 꾸짖으시는 것이다. 또한 남방의 여왕도 솔로몬의 지혜를 들으러 왔건만 솔로몬보다 더 큰 이가 왔는데 너희는 왜 듣지 않느냐는 내용을 말씀하신다(마 12:42).

마태복음에는 예수님이 통치하시는 천국이 30번이나 나오는 반면 영적인 하나님의 나라는 5번만 나온다.

그중 하나는 다음과 같다.

『그러나 내가 하나님의 영을 힘입어 마귀들을 쫓아 내면, 그때는 하나님의 나라가 너희에게 임한 것이라』 (마 12:28).

여기서 마귀들은 영적인 존재들이다. 그러므로 하나님의 나라는 영적인 것과 관련이 있다.

그리고 만일 그들이 천국을 받아들이지 않는다면 이방인들에게 하나님의 나라를 주겠다고 경고하신다!! 빌라도는 그리스도의 죄를 찾을 수 없었으나(요 19:5,6), 유대인들은 그들의 왕인 그리스도를 거절한다.

『그들이 소리지르기를 "처단하소서. 처단하소서. 그를 십자가에 못박으소서."라고 하더라. 빌라도가 그들에게 말하기를 "너희의 왕을 내가 십자가에 못박으랴?" 고 하니 선임 제사장들이 대답하기를 "카이사 외에는 우리에게 왕이 없나이다."라고 하더라』(요 19:15).

이들은 또 마태복음 27:25에서 "그의 피를 우리와 우리 자손에게 돌리라"는 끔찍한 말을 한다. 이 교만은 세상에서 유대인들을 배척당하게 만들었고, 제2차 세계대전 때는 600만 명의 유대인 대학살로 이어졌다. 그리고 이 일은 이것으로 끝나는 것이 아니라 "야곱의 고난"인 7년 대환란으로 이어질 것이다.

결국 유대인들에게 제시되었던 그리스도는 거부되어 천국은 연기되었고, 교회 시대는 영적인 "하나님의 나라"로만 시작된다. 이 "하나님의 나라"에 들어가는 방법은 성령으로 거듭나는 방법밖에는 없다. 이 시대의 싸우는 무기는 영적인 무기이지 육적인 무기가 아니다. 요한복음은 다른 복음서와는 달리 모든 서신이 기록된 이후 A.D. 90년경에 기록되었기 때문에 "거듭나야만 한다"라는 말이 명확하게 제시된다(요 3:3,5,7). 그리하여 신비로운 시대가 시작되는데, 이 시대는 바울에게만 언급된다. 그는 천국을 한 번도 전한 적이 없다. 그는 오직 영적인 하나님의 나라와 거듭나는 것만을 전했다. 이 사실은 사도행전의 마지막에서도 확인된다.

> 『바울이 만 이 년을 자기 셋집에서 지내며 자기에게 오는 모든 사람을 맞아들여 하나님의 나라를 전파하고 주 예수 그리스도에 관한 일들을 가르치되 모든 담대함으로 하였으니 아무도 그를 금하는 사람이 없었더라』(행 28:30,31).

따라서 이 시대에는 어느 누구도 천국복음을 전해서는 안 된다.

『예수께서 고난을 당하신 후 자신이 살아 계심을 그들에게 많은 무오한 증거들로 보여 주시고 사십 일 동안 그들에게 보이시며 하나님의 나라에 관한 일들을 말씀하셨노라』(행 1:3).

심지어 예수님께서도 부활하신 이후에는 유대인들에게 천국에 대해 이야기하시지 않고 다만 하나님의 나라만 언급하고 계신다. 그러나 그들은 여전히 천국을 기다리고 있었기 때문에 『주여, 이 때에 이스라엘에 그 왕국을 다시 회복하시겠나이까?』(행 1:6)라고 묻는다. 그러나 이 천국에 대해 예수님께서는 "그런 왕국은 없다. 그런 것은 잊어버려라."라고 말씀하시지 않고, 다만 『너희에게는 그 때나 시기를 알게 하신 것이 아니요, 아버지께서 자신의 권한에 두셨느니라.』(행 1:7)고만 말씀하시므로 이 왕국이 연기될 것을 암시하신다.

그런데 지금 배교한 교회들에는 "유대인들에게 약속된 천국은 교회가 차지했다."라고 주장하며 아브라함의 혈연적 씨에게 약속한 모든 축복이 자신들에게로 옮겨졌다고 주장하는 사람들이 있으며 심지어 거짓 교리인 누룩을 복음이라고 가르치기도 한다. 그래서 사람들은 성경을 영적으로 해석하고, 신학교에서는 무천년주의나 후천년주의를 가르치며 성경의 진리를 올바로 나누지 못하고 있다. 성경을 올바로 나누지 못하면 하나님 앞에 칭찬받지 못하는 수치스런 일꾼으로 전락되는 것을 그들은 모르고 있는 것이다(딤후 2:15). 우리나라의 대부분의 신학교들은 세대적 진리를 이단 교리라고 해서 거부하고 있는데 세대적 진리를 거부하는 한 그들은 성경에 무지할 수밖에 없는 것이다.

[간단히 무천년주의와 후천년주의를 언급하면, 무천년주의는 예수님께서 이 땅을 통치하시는 천년왕국은 따로 없고 다만 이 땅에 교회가 확장되어 살기 좋은 천국이 이루어진다고 주장하는 종말론 이론이며, 후천년주의는 이 땅에 복음이 확장되어 세상이 살기 좋게 만들어진 천년왕국 이후에 예수님이 오시며 그런 후에 심판과 새 하늘과 새 땅이 온다는 이론으로, 이 둘은 모두 성경을 영적으로 해석하는 방식이며, 결국은 같은 내용이다.

그러나 전천년주의는 성경을 문자적으로 해석한 것으로, 세상은 점점 악해져 배교하여(딤후 4:3,4) 결국 그리스도인들은 대환란 전에 들림을 받고(살전 4:17) 그 후에 땅에서는 7년 대환란이 시작되며, 환란의 마지막에 그리스도께서 성도들과 함께 재림하여 이 땅을 문자적으로 1,000년 동안 통치하신다는 믿음이다. 그 후에 사탄이 잠시 풀려나오고 마지막 배교가 있은 후 백보좌 심판으로 마지막 심판을 하신다. 그 후에 하늘과 땅은 사라지고 의가 거하는 새 하늘과 새 땅이 온다. 이것이 성경적 종말론이다. 스스로 전천년주의자라 하면서도 교회가 대환란을 통과한다고 믿는 자들도 있으나, 하나님의 교회가 환란을 통과하여 하나님의 진노를 받아야 할 이유는 단 한 가지도 없다. 만일 교회가 환란을 통과한다면 성경은 틀린 것이다. "야곱의 고난"은 곧 이스라엘의 환란을 말한다. 야곱과 이스라엘은 같기 때문이다. 만약에 교회가 환란을 통과한다면 그것은 구원받지 않은 무리들을 모아 놓은 거짓 교회가 들림받지 못하고 이 땅에 남아 환란을 겪는 것일 뿐이다.]

결국 천국은 연기되었음에도 불구하고 사탄은 사람들을 속이기 위해 모조품을 만드는데 그것이 거짓 교회이다. 사탄은 로마카톨릭을 통하여 "유대인들이 잃어버렸던 왕국이 우리 것이다."라고 주장한다. 그들은 "베드로가 받았던 천국의 열쇠는 교황을 통하여 물려받았으므로 카톨릭만이 참된 교회다."라고 주장한다. 이와 같은 노선을 함께한 사람들은 콘스탄틴, 교황 그레고리, 클로비스, 샤를마뉴 대제 등등으로 이어진다. 이들은 이제 "종교적인 왕권"과 "정치적인 왕권"이 모두 자신들의 것이기 때문에 이 “카톨릭 왕국”을 확장해야 함을 가르친다. 실제적인 약속을 소유한 유대인들이 그들에게는 아주 눈에 가시와 같은 존재였기 때문에 유대인들을 박해하는 구실이 되었다. 또한 이로 말미암아 중세 암흑시대가 왔으며 모든 왕들이 교황 앞에 무릎을 꿇게 되었다. 그들 카톨릭 선교사들이 선교를 할 때는 항상 군대를 뒤에 데리고 가서 그들의 복음(고해성사, 유아세례, 마리아 숭배, 연옥, 십자가, 미사, 종교적 의식 등...)을 강요했는데, “받아들여라. 안 받아들이면 죽이겠다.”라는 것이 소위 카톨릭 선교였다. 미국에 갔던 한 카톨릭 선교사는 땅에다 십자가를 꽉 꽂더니, “이 땅은 교황의 것이다.”라고 선언한 일도 있었다. 교황은 그가 방문하는 나라에 도착하면 비행기에서 내리자마자 그 땅에다 키스한다. 그것은 “이 나라의 영토는 카톨릭의 것이다.”라는 의미이다. 왕이 계시지 않은 상태에서 “왕국”을 이 땅에 만들려는 것은 어리석은 짓이다. 이렇게 사탄은 이 영적인 “하나님의 나라”와 물질적인 “천국”을 뒤섞어 버리려는 시도를 하고 있는 것이다. 왜 개신교 신학교들이 천국과 하나님의 나라가 동일하다고 가르치는지 이제 알겠는가? 그렇게 가르치는 사람들은 이단 집단임을 알아야 한다.

오늘날 우리가 복음을 전파하는 것은 사탄의 나라에 있는 사람들(영적으로 죽어 있는 사람)을 구령하여 하나님의 나라로 옮기는 것이지, 천국복음인 “산상설교” 등의 교훈을 가져다가 이 땅에 천국을 만드는 것이 아니다. 이 점도 모르는 거짓 목사들이 성경을 가르치겠다고 강단이나 교단에 서 있는데 이것이야말로 소경이 소경을 인도하는 격이다.

(13) 적그리스도와 대환란

교회 시대가 끝나면(롬 11:25) 그리스도의 몸 된 교회는 올리가고 적그리스도의 실제적인 통치가 이루어지는데, 처음 3년 반은 이스라엘과 평화협정를 맺지만 3년 반 후에는 그 협정을 파기한다.

> 『아무도 어떤 모양으로든지 너희를 미혹하지 못하게 하라. 이는 먼저 배교하는 일이 이르지 않고, 또 그 죄의 사람 곧 멸망의 아들이 나타나지 않고서는 그 날이 오지 아니함이라. 그는 대적하는 자며, 또 하나님이라고 불리는 모든 것과 숭배받는 대상 위에 자신을 높여 하나님의 성전에 앉아 하나님처럼 보여 자신을 하나님이라고 하느니라』(살후 2:3,4).

이 적그리스도는 한 사람으로 나타나 "자신의 왕국"을 세우고 여러 가지 거짓 표적을 보여 줄 것이며, 이것으로 많은 유대인들은 "아, 저 사람이 우리의 메시아다!"라면서 믿게 될 것이다.

그 불법자가 오는 것은 사탄의 역사에 따라 모든 능력과 표적과 거짓 이적과(살후 2:9) 또 큰 표적들을 행하는데, 심지어는 사람들 앞에서 불이 하늘에서 땅 위로 내려오게까지 한다(계 13:13).

초림 때 유대인들이 예수님께 표적을 보여 달라고 해서 주님께선 의로운 표적을 보여주셨지만 그들은 믿지 않았다. 그 이유는 그들이 영적으로 배도한 상태였기 때문에 영적인 나라보다는 눈에 보이는 자신의 것들을 중요시했기 때문이다. 그들이 차지하고 있는 권력을 로마인들이 와서 차지할까 걱정했던 것이다(요 11:48). 따라서 예수님께서는 그들의 위선과 사악함을 꾸짖으셨고, 그들에게 천국문을 닫아 버린 위선자들이라고 하시며 그들에게 더 큰 심판이 있을 것이라고 그들을 저주하셨다(마 23:13-39).

결국 이들은 자신의 마음에 잘못된 의도가 있었기 때문에 그것으로 인해 자신들의 영광을 얻지 못했다(겔 14:3). 결국 지금도 세상의 명예와 재물을 주님보다 더 사랑한다면 예수님께서는 우리를 속여 비리실 것이다. 오늘날 표적을 행한다며 거짓 은사를 자랑하는 자들을 따르는 사람들은 누구인가? 그들 중에 성경대로 믿는 그리스도인이 단 한 사람이라도 있는가 보라. 있다면 구경꾼일 뿐이다. 지금도 가짜 표적을 행하는 자를 따르는 자들이 수천, 수만, 수십만 명인데, 적그리스도가 나타나 죽은 사람을 살리고 하늘에서 불을 내리게 했을 때 그를 따를 쓰레기 같은 인간들이 얼마나 많겠는가는 짐작하고도 남지 않겠는가!

결국 사탄이 가장 바라던 것은 "경배받는 것"(마 4:9)과 "왕국을 얻는 것"이지만 그 기간이 얼마 되지 않는다는 것을 알고 자신의 때를 더 연장하고 빼앗기지 않기 위해 하나님의 백성인 유대인을 없애려고 박해하는데, 유대인은 3년 반을 광야로 피해 가서 그곳에서 하나님의 보호를 받는다(계 12:12-14). 요한계시록 12장의 여인은 이스라엘이다(창 37:6-10, 계 12:1을 참조). 로마카톨릭은 이 여인을 마리아라고 하기도 하고 개신 교회들은 교회라고 하기도 하나, 이 여인은 마리아도 교회도 아닌 이스라엘이다. 이 이스라엘은 환란을 겪은 후 구원을 받을 것이다.

로마카톨릭은 그녀를 마리아라고 해석한다. 그들이 얼마나 성경에 무지한가 보라. 『그녀[마리아]가 사내 아이를 낳았는데 이 아이는 모든 민족들을 철장으로 다스릴 자라. 그녀[마리아]의 아이가 하나님과 그의 보좌 앞으로 들려 올라가더라. 그 여인[마리아]은 광야로 도망하였는데 그곳에는 그들이 그녀[마리아]를 일천이백육십 일 동안 부양하도록 하나님께서 그녀[마리

애를 위하여 마련해 놓으신 곳이 있더라』(계 12:5,6).

이번에는 개신 교회들이 이 여인을 교회라고 하는데 역시 그들의 무지를 보라. 『그녀[교회]가 사내 아이를 낳았는데 이 아이는 모든 민족들을 철장으로 다스릴 자라. 그녀[교회]의 아이가 하나님과 그의 보좌 앞으로 들려 올라가더라. 그 여인[교회]은 광야로 도망하였는데 그곳에는 그들이 그녀[교회]를 일천이백육십 일 동안 부양하도록 하나님께서 그녀[교회]를 위하여 마련해 놓으신 곳이 있더라.』

바른 성경을 배격하면 성령님은 그 사람에게 어떤 조명도 비추시기를 거절하신다. 그러면 성경을 알지 못한 채 가르치게 되는 것이고, 그렇게 되면 헛소리를 토하게 되어 있다. 무지의 산물이 영적 양식이 되겠는가? 썩은 음식을 먹으면 병에 걸리듯이 썩은 영적 음식을 먹는 사람도 영적 병에 걸려 방향감각을 상실하여 무엇이 옳고 무엇이 그른지 판단할 수 없어 결국 영적 노숙자로 전락하게 된다. 분명 이것이 교회 다니는 사람에게 기대하는 하나님의 뜻은 아닐 것이다.

성경에서는 이 환란 기간을 여러 가지로 말하고 있다.

① 이사야 13:6-13 : 주의 분노의 날

② 예레미야 30:4-9 : 야곱의 고난의 때

③ 에스겔 20:33-38 : 진노의 날

하나님의 분노의 날은 주님께서 돌아오시기 바로 직전에 일어나는 최종적인 경험이다.

환란 시대 전후로 성도의 휴거와 나라들의 심판과 이스라엘의 회심이 있을 것이다(단 12:1). 이 환란의 마지막에는 동방으로부터 2억의 군대가 이스라엘을 치러 올 것이며, 이때 주님께선 이스라엘을 구하시기 위해 주의 용사들(앞서 들림받았던 거듭난 성도들)을 데리고 오실 것이다(욜 3:9-11). 이것이 환란 기간의 끝에 오는 예수 그리스도의 재림이다(슥 14:1-4).

이때 또 하나의 휴거가 일어나는데, 이것은 교회 시대의 성도들의 휴거가 아니라 교회는 이미 휴거되고 지상에 없다. 환란 성도의 휴거이다(마 24:31-41). 이들은 요한계시록 11장의 두 증인과 함께 전하여질 왕국 복음을 듣고 개종한 사람들이다.

짐승의 표를 받지 않고 계명과 믿음을 지킨 이스라엘의 남은 자(롬 11:26)를 구원하시기 위해 진짜 왕이신 예수 그리스도께서 성도들(그리스도인들)과 함께 말을 타시고 셋째 하늘의 물을 통과하여(합 3:15) 이스라엘의 올리브 산으로 재림하실 것이다.

『또 내가 하늘이 열린 것을 보니 흰 말이 보이더라. 그 위에 앉으신 분은 신실과 진실이라 불리며 의로 심판하고 싸우시더라. 그의 눈은 불꽃 같고 머리에는 많은 왕관이 있고 또 한 이름이 기록되어 있는데 그 자신 외에는 아무도 모르며 피에 적신 옷을 입었는데 그의 이름은 하나님의 말씀이라고 불리더라. 또 하늘에 있는 군대들이 희고 정결한 세마포를 입고 흰 말들을 타고 그를 따르더라. 그의 입에서는 예리한 칼이 나와서 그것으로 민족들을 칠 것이요 또 철장으로 그들을 다스릴 것이며, 그는 전능하신 하나님의 맹렬한 진노의 포도즙틀을 밟으실 것이라. 또 그의 옷과 넓적다리에 이름이 기록되어 있는데 "**만왕의 왕, 또 만주의 주**"라 하였더라』(계 19:11-16).

이 전쟁으로 군대들은 모두 죽어 그 피가 말고삐까지 차게 되며(계 14:20), 거짓 선지자와 적그리스도는 산 채로 불못에 던져지게 된다(계 19:20).

(14) 천국의 도래 (천년왕국과 영원세계)

유대인의 남은 자들은 짐승의 표를 거부하고 하나님의 계명과 믿음을 지켜 구원받게 되며(계 12:17), 드디어 예수님께서는 그리스도인들과 함께 이 땅에서 통치하신다.

『이 세상의 나라들이 우리 주와 그의 그리스도의 왕국들이 되어서 그분이 영원무궁토록 통치하시리라』(계 11:15).

이때 그리스도께서 이 땅에서 세상 나라들을 통치하시므로 천국이 임하는 것이다.

『그는 위대하게 될 것이며, 가장 높으신 분의 아들이라 불릴 것이요, 또 주 하나님께서 그에게 그의 조상 다윗의 보좌를 주실 것이며 그는 야곱의 집안을 영원히 통치할 것이요 그의 왕국은 무궁하리라』(눅 1:32,33).

많은 사람들은 이 구절이 영적으로 이루어졌다고 생각하나 이것은 아직 이루어지지 않은 구절이다. 이 구절은 주님께서 재림하시면 성취될 것이다.

이때 천년왕국이 시작되면서 하나님의 나라와 실제적인 천국이 동시에 존재하게 된다. 마태복음 5,6,7장은 바로 이 시대에 교리적으로 적용될 것이다.

천년왕국이 끝나면 사탄이 잠시 풀려나 반란을 일으키지만 하늘에서 불이 내려와 순식간에 그들을 멸할 것이고, 구원받지 않은 모든 사람들이 지옥에서 나와 육신을 입고 부활하여 큰 백보좌 심판에서 행위대로 심판을 받고 불못으로 던져진다.

여기서 그리스도인들은 눈물을 흘리게 되는데, 왜냐하면 이것은 불못에 던져지는 자신의 친구나 가족들을 볼 것이기 때문이다. 이 눈물은 새 하늘과 새 땅에 가서야 비로소 하나님께서 닦아 주실 것이다. 새 하늘과 새 땅에서는 더 이상 죽음이나 슬픔은 영원히 없을 것이다.

『하나님께서 그들의 눈에서 모든 눈물을 닦아 내시며, 다시는 사망이나 슬픔이나 울부짖음이 없고 고통 또한 없으리니, 이는 이전 것들은 다 사라져 버렸음이라』(계 21:4).

7. 성경을 잘못 해석하여 만들어 낸 교리들

하나님께서 성경을 기록하신 목적은 몇 가지로 요약할 수 있다.

첫째, 인간들에게 앞으로 되어질 일들을 계시해 주시기 위해서이다.

둘째, 인간의 사후의 생과 죄에 대한 심판을 알려 주기 위해서이다.

셋째, 인간으로 죄의 형벌과 지옥의 심판으로부터 구원받을 수 있는 하나님의 구원 계획을 믿게 하기 위해서이다.

넷째, 이 세상은 진리와 선을 권장하는 하나님의 편과 거짓과 악을 권장하는 마귀의 편으로 나뉘어져 있는데, 예수 그리스도가 십자가에서 완성해 놓으신 복음을 믿게 되면 성령으로 다시 태어나게 되어 어떤 죄인도 그리스도의 나라로 옮겨질 수 있음을 성경을 통해 알게 하려는 데 있다. 마귀는 사람들로부터 복음을 가리고 죄의 종이 되게 하여 마귀의 하수인으로 쓰고 있는 것이다.

다섯째, 이 복음을 받아들이지 않고 다른 종교들이나 세상 철학과 사상에 빠져 있는 자들에게 복음을 전파하고 진리를 가르칠 수 있는 교회를 세워 일하게 하기 위해서이다.

여섯째, 죄와 악한 세상에 대한 하나님의 심판이 곧 있게 될 것임을, 마지막 교회 시대인 라오디케아 교회 시대의 후반부에 살고 있는 사람들에게 죄에 대한 하나님의 심판의 유예가 곧 끝날 것임을 알게 하기 위해서이다.

일곱째, 인간은 결코 죽음이 끝이 아니라 또 하나의 시작임을 알게 하기 위함이며, 자기 죄 문제를 예수 그리스도의 피로 씻은 사람은 영생을 얻어 죽은 후에도 주님 재림하실 때 새로운 몸으로 부활하게 되지만 그렇지 못한 사람은 지옥에 떨어져 영원한 고통을 당하게 된다는 것을 알게 하기 위함이다.

(1) 누가 성경을 영적으로, 혹은 은유적으로 해석하는가?

실로 이렇게 심각한 계시를 가리는 마귀의 또 하나의 계략은 성경을 잘못 해석하여 엉뚱한 메시지로 바꾸는 것이다. 어떤 자들은 성경을 삭제시키거나 변개시키며 또 어떤 자들은 성경을 영적으로 은유적으로 해석하여 성경의 진의와 계시를 왜곡시키고 있다. 이들은 주로 로마카톨릭과 친카톨릭 교회들로, 자기들이 잘못 믿는 신학과 교리를 합리화시키기 위하여 이런 짓을 한다. 그들은 이를 위해 두 가지 것을 내세우는데, 그 중 하나는 유명한 학자의 이름을 들고 나오는 것이요, 또 하나는 자기들의 추종 세력의 많음을 들고 나와 자기들의 거짓 교리를 사람 수로 감싸려고 하는 것이다. 그러나 이런 수작들은 어디까지나 인간적인 방편에 불과하다. 진리는 다수에 의해 실행될 수 없을 뿐만 아니라 인간적인 방법으로 소개되거나 가르칠 수 없다. 이 점은 교회의 역사가 증명해 주고 있다. 오류를 들고 나온 사람들은 순교를 당할 필요도 없기에 단 한 명도 순교자가 나오지 않는 반면, 진리를 추종한 사람들은 수백만 명이 순교당했는데, 그것은 진리를 거역하고 오류와 타협한 자들에 의해서였다.

그렇다면 성경을 영적으로 혹은 은유적으로 해석한 자들은 누구인가?

첫째, 성경을 심도 있게 공부하지 않은 채 자신의 학위를 권위 삼아 성경 주석서를 쓴 사람들이다. 이들은 자기가 맡은 교회 사역, 방송 사역, 전도, 집회 사역, 선교 사역 등으로 자신의 이름이 알려져 유명하게 되자 그 유명세를 입고 교리 서적들을 집필한 사람들로서, 자신이 속한 교단 교리를 성경의 권위 위에서 강조했을 때 문제가 야기되었다.

둘째, 역시 성경을 심도 있게 공부하지 않았기에 성경을 성경으로 해석할 수 있는 능력이 없음에도 굳이 성경을 억지로 풀다가 어렵게 되자 영적, 은유적 해석을 할 수밖에 없는 사람들이다.

셋째, 이들 중 대부분은 세대적 진리를 거부한 사람들이다. 성경은 하나님의 말씀이기에 모든 내용들이 우리의 교리가 되어야 한다고 믿는 사람들이 성경을 가장 모르는 사람들이다. 성경을 나누어서 공부하지 않으면 부끄럼을 당하게 된다고 성경은 지적해 주고 있다(딤후 2:15).

넷째, 이 가운데 가장 큰 오류를 범하고 있는 자들은 하나님께서 유대인들을 버리셨다고 거짓말하며, 성경에서 유대인들에게 약속하신 모든 것들을 교회로 가져와서 적용하려는 자들이다. 로마카톨릭과 개신 교회들이 성경을 자의적으로 해석하여 성경에서 유대인들을 제거시키고 유대인들에게 하신 약속들을 교회에 적용하여 해석하려 했을 때 성경 해석이 안 되는 것은 너무나 당연하다. 성경 66권은 약 42명의 저자들이 약 1,600여 년에 걸쳐 기록했지만 성령님께서 모든 것을 관장하셨기에 절대무오한 것임에도 불구하고, 로마카톨릭과 친카톨릭 개신 교회들이 성경을 영적으로 또 은유적으로 해석함으로 인해 하나님의 말씀이 변질되어 버리게 된 것이다.

하나님께서는 팔레스타인 땅을 아브라함에게 주신 이래(창 12:1-3; 13:14,15) 한 번도 그 약속을 고치신 적이 없다. 이스라엘을 회복시키신다는 약속(롬 11:25-29, 겔 36:24-28) 역시 고치신 적이 없다. 다만 성경을 믿기 싫어하는 자들이 하나님의 계획을 변경시키려고 시도하고 있을 뿐이다.

(2) 소아시아 일곱 교회의 의미

요한계시록에는 일곱 금촛대의 신비, 즉 일곱 교회의 신비를 언급하고 있는데(계 1:20), 성경 해석과 연관해서 요한계시록 2,3장에 나와 있는 "소아시아의 일곱 교회들"을 살펴보는 것은 의미 있는 일일 것이다. 왜냐하면 이 교회들은 교회의 역사 전체 중 각 시대별 기간들을 가리키는데, 그 각각의 교회 시대 기간들을 살펴보면 하나님의 말씀이 어떤 자들에 의해 어떻게 왜곡되어 왔는지를 알 수 있기 때문이다. 또 이것을 통해서 성경의 다양한 적용, 즉 역사적 적용, 영적 적용, 교리적 적용에 대해서도 알 수 있다.

① 에베소 교회(A.D. 33-200)는 사도들과 사도들에게 안수 받고 사도 직분을 계승한 교회였다. 교계에는 두 무리의 사기꾼들이 있는데 하나는 자기들이 사도 직분을 계승했고 그것

도 베드로에게서 계승했다고 주장하는 로마카톨릭이고, 또 하나는 사도들로부터 은사를 계승받았다고 말하는 은사주의자들이다. 사도들로부터 권위를 계승받았다면 베드로가 믿고 행한 대로 해야지 성경에도 없는 교황, 추기경, 대주교, 주교, 수녀, 묵주, 연옥, 긴 옷, 독신, 성당, 천주, 마리아 중보, 성서, 미사, 종교 재판, 그리스도인 살해, 유아 세례, 지상 왕국 설립, 이스라엘 회복 부인, 진화론 승인 등 성경에 없는 것만을 골라서 하고 있다.

② 스머나 교회(A.D. 200-325)는 지상에서 그리스도인들을 말살시키려고 안간힘을 썼던 때의 교회였다. 로마 제국의 공식적인 박해가 10번이나 있었다. 폭스의 순교사와 순교자의 거울(Martyrs' Mirror)은 이 기간에 순교당한 그리스도인들의 기록이다.

③ 퍼가모 교회(A.D. 325-500), 이 기간은 로마카톨릭이 본격적으로 세상 종교의 자리를 굳히는 기간이다. 발라암의 교리인 바빌론의 신비종교가 기독교란 옷을 입고 세상 사람들을 미혹하는 기간이다. 로마카톨릭은 세상을 얻기 위해 성경을 세상과 바꿔치기했던 것이다. 성직자가 평신도를 지배하였다. 니콜라파는 지금도 제도화된 개신 교회가 그대로 답습하여 행하고 있다. 그들은 긴 옷을 입기를 좋아하고 성직자의 권위를 성경의 권위보다 더 우위에 두고 있다. 그들은 하나님은

사랑이라고 주장하면서 무슨 짓을 해도 하나님은 용납해 주신다고 가르친다. 그리하여 자신들의 죄들을 질책하지 않고 관용을 베풀고 있는 것이다.

④ 두아티라 교회(A.D. 500-1000)는 암흑시대의 기간으로 교인들의 손에서 성경을 빼앗아 버려 교인들로 영적 양식을 얻지 못하게 만들었다. 거듭나지도 않은 사람들이 선택의 여지도 없는 교구 교회에서 성경도 없이 종교의식에 만족해야 했다. 매 주일 12시면 그들은 과자 부스러기를 그리스도의 살로, 포도주를 그리스도의 피로 알고 받아먹고 마신 것이 전부였다. 죄를 지으면 신부에게 가서 고해성사를 함으로써 자신들의 죄들을 용서받는다고 알고 있었다. 성경에 없는 것을 교인들의 눈을 속여 성경의 권위처럼 믿게 했던 것이다.

⑤ 사데 교회(A.D. 1000-1500)는 그런 가운데서도 주님께서 자기를 신실하게 믿고 따르는 성도들을 세우신 기간이었다. 그야말로 바알에게 무릎 꿇지 않은 7천 명과 같은 성도들을 남겨 두셨던 것이다. 박해는 지속되었지만 이 기간 동안 피터 왈도, 존 위클리프, 존 후스, 사보나롤라, 존 타울러 같은 위대한 설교자들이 나왔다. 이들이 바로 루터의 종교개혁의 원천이었다.

⑥ 필라델피아 교회(A.D. 1500-1900)는 루터의 종교개혁으로 인해 신약 교회의 신앙과 부흥이 절정에 달했던 기간

이었다.

⑦ 라오디케아 교회(A.D. 1900-휴거)는 하나님의 권위에서 인간들의 권위로 옮겨간 기간이다. 교회들이 물질적인 부의 상징이 되었고 교회는 복음과 선교를 빙자하여 갖가지 편법으로 교인들을 끌어들여 돈을 버는 강도들의 소굴이 되고 있다. 이 시대의 특징은 배교이다. 그들은 제멋대로 보수주의, 복음주의, 정통주의, 근본주의를 내세우지만 사실은 전혀 그렇지 않다. 그들은 오히려 로마카톨릭에 더 가까우며 세상에 대하여 빛과 소금의 역할은커녕 너무 미지근하여 세상으로 하여금 복음 전하는 사람들을 교회에 와서 돈 내라는 것인 양 생각하게 만들고 있다.

(3) 세 가지 적용

성경은 역사적으로, 영적으로, 교리적으로 적용할 수 있다. 이것을 알려면 성경을 잘 가르치는 교육 기관에서 성경 해석을 정확히 해놓은 좋은 책으로 공부해야 한다. 어떤 것이 좋은 책인지 모르게 되면 그 사람은 엉뚱한 곳에서 인생을 낭비하게 된다. 성령님의 도움이 없이는 진리로 인도받을 수 없음을 알아야 하며(요 16:13), 바른 성경이 없이는 성령님께서 조명하기를 기뻐하지 않으신다는 사실을 알아야 한다.

이와 연관해서 소아시아의 일곱 교회들을 살펴보자.

첫째, 역사적으로 이 교회들은 A.D. 90년경에 소아시아에 산재했었던 지역 교회들이다. 이것은 성경에 기록된 사건이 역사의 어느 시점, 어느 곳에서, 어떻게 일어났는가를 설명해 주고 있다.

둘째, 모든 성경은 교리와 책망과 바로잡음과 의로 훈육하기에 유익하다고 말씀하고 있듯이(딤후 3:16) 모든 구절은 믿는 사람들을 바르게 살고 가르치기 위한 영적 적용이 가능하다. 그러나 영적으로 적용해야 할 것을 교리로 가르치게 되면 오류를 범하게 됨을 알아야 한다. 성경 구절은 모두 다 교리가 아니다. 성경에 무지한 자들은 성경 구절 일부를 꺼내다가 자기들이 하는 일을 정당화시키려고 사용하는 것을 보는데 그들이 바로 이런 자들이다.

그래서 소아시아 일곱 교회는 영적으로 교회 시대의 지역 교회들로 적용할 수 있는 것이다. 즉 그리스도의 초림에서부터 재림에 이르는 교회 시대의 역사를 반영하는 것으로 적용할 수 있다. 이 기간은 그리스도의 부활에서 성도들의 휴거까지를 말한다.

셋째, 성경은 기본적으로 교리서이다. 성경의 모든 구절은 특정한 사람들에게 특정한 목적으로 특정한 진리를 가르치기 위해 기록된 것이다. 그래서 교리적으로 볼 때 이 소아시아 일곱 교회는 분명히 교회 시대가 아닌 환란 시대에 적용된다는 것을 알 수 있다.

사도 요한이 요한계시록을 기록했을 때 그는 성령에 의해 미래의 어떤 시대에 있게 되었다. 교회가 1-3장에 언급되었다가 4-19장까지는 다시 언급되지 않으며, 또 20-22장은 천년왕국 기간을 다루고 있음으로 인해 이 점을 알 수 있다. 사도 요한은 A.D. 2000년의 한 시점에 서서 뒤로는 교회 시대를, 그의 아래는 환란 시대를, 그리고 미래는 천년왕국 기간을 바라보며 쓴 것이다. 그래서 요한계시록은 성령님의 도움 없이는 손도 댈 수 없을 만큼 어려운 책이 된 것이다. 그러나 이 점을 유념하고 공부하게 되면 요한계시록의 기록들을 믿는 데 별 문제가 없게 된다.

요한계시록은 성경의 맨 끝의 책이지만 사실은 성경을 여는 열쇠이다. 그래서 성경의 저자께서는 이렇게 말씀하고 계신다. 『이 예언의 말씀을 읽는 자와 듣는 자들과 거기에 기록된 것들을 지키는 자들은 복이 있나니 이는 그 때가 가까움이니라』(계 1:3).

이러한 성경 해석의 원리를 염두에 두고 다음의 구절들을 관찰해 보자. 다음은 성경을 영적으로, 은유적으로 해석한 자들에 의해 거짓 교리가 양산된 내용들 중 일부를 제시한 것이다.

1. "너는 내 아들이라, 오늘 내가 너를 낳았노라"

(1) 이 구절은 시편 2:7, 사도행전 13:33, 히브리서 1:5; 5:5 등 네 번에 걸쳐 인용되고 있다. 이 구절만큼 성경 해석이 혼란스러운 구절도 아마 드물 것이다. 성경 번역도 그렇지만 성경 해석 역시 이해하기 쉬운 구절은 성경을 제대로 공부한 사람이면 누구나 번역할 수 있고 해석할 수 있다. 다만 번역하기 난해한 구절이나 해석하기 어려운 구절에 직면했을 때 어떤 사람이 성령님의 도움을 정확히 받았는가로 그 정답을 얻게 된다. 성경을 모른다고 해서 아무 주석가나 따라 다니다간 그 주석서가 범해 놓은 오류를 함께 뒤집어 쓸 수도 있음을 알고 주의해야 한다. 문제는 누구의 해석이 정확한가를 어떻게 알 수 있느냐는 점이다. 이것은 어떤 성경이 바른 성경인지 어떻게 알 수 있느냐와 연계되어 있다. 이와 같이 많은 사람들이 정확한 성경과 해석을 코앞에 제시해도 눈이 멀어 있어 깨닫지 못하고 있다. 성령님의 도움이 없이는 성경을 알 수 없는 것이다. 바른 성경을 존중하지 않는 사람에게 성령님은 어떤 조명도 비추지 않으신다.

성경을 문자적으로 해석할 수 없다고 해서 기록된 단어를 빼거나 아니면 설명을 덧붙여 설명하려 한다면 그는 성경 변개자가 되고(계 22:18,19) 성경의 저자이시며 해석자이신 성령님을 무시하는 사람이 되는 것이다.

(2) 어둠 속에서 방황하는 사람은 개똥벌레의 빛도 따라 가려고 한

다. 성경을 모르고 헤매는 사람들은 무조건 존 칼빈을 좇으려는 습성이 있다. 존 칼빈 주석, 칼빈신학교, 존 칼빈 서적이면 무조건 수용하려 한다. 존 칼빈은 로마카톨릭 교회와 그들의 비성경적 교회 운영에 대해 반기를 든 개혁자였다. 개역자는 모두 성경을 잘 아는가? 마틴 루터가 성경을 잘 알았더라면 아기들에게 물을 뿌려 구원받은 것으로 간주했겠는가? 존 칼빈이 성경을 잘 알았다면 제네바에다 신약 신정국가를 세워 개신교의 교황 역할을 했겠는가? 자기의 교리에 반대한다고 해서 세르베투스(Servetus)를 화형에 처했겠는가? 칼빈은 성경의 열쇠인 요한계시록 주석도 쓰지 못했다는 점을 알고 있는가? 그리스도인의 양심을 가졌다면 편견을 버리고 곰곰이 생각해 볼 일이다.

(3)『오늘 내가 너를 낳았노라』

존 칼빈은 "오늘"을 무시하고 예수 그리스도께서 창세기 1장 이전인 영원 전에 나셨다고 말한다. 이것은 에베소서 1:4을 잘못 해석하여 영원 전에 하나님께서 구원받을 자를 택했다고 해석하는 것과 같다. 에베소서 1:4에서는 분명히 "그리스도 안에서"란 말씀이 있다. 예수 그리스도를 개인의 구세주로 믿지 않은 사람이 어떻게 그리스도 안에 있을 수 있는지 칼빈의 해석을 믿는 개혁 신학자들은 답변해야 한다. 예수 그리스도가 영원 전이든 아니면 그 언제든 하나님께로부터 태어나셨다면 여호와의 증인들이 믿는 것이나 칼빈의 해석을 따르는 자들이나 뭐가 다른가?

오리겐의 철학적 억측에 빠졌던 아타나시우스는 A.D. 325년 그리스도가 영원 전에 창조된 하나님의 피조물이라고 니케아 공회에서 주장했던 것이다.

(4) 영국의 신학자 벌링거(Ethelbert Bullinger)는 "오늘 내가 너를 낳았노라"를 예수 그리스도의 부활에다 갖다 맞추고 있다. 성령님께서 부활과 태어났다는 말을 구분할 수 없어서 부활을 낳았다라고 쓰셨단 말인가? 이렇게 되면 제7일 안식교인들, 로마카톨릭, 그리스도의 교회 교인들, 여호와의 증인들과 마찬가지로 자신이 죽어서 어디로 가는지도 모르게 되며 오순절 교인들처럼 죽은 뒤에야 진정으로 거듭나게 된다고 믿게 된다.

(5) "오늘 내가 너를 낳았고"는 예수님이 영원 전에 태어나신 것도 아니고 부활하신 것도 아니다. 최초로 성령으로 잉태하여 태어나셨다는 말이다. 요나, 야이로의 딸, 나인성 과부의 아들, 나사로, 도

르카 등은 죽었다가 살려냄을 받았지만 또다시 죽었다. 그러나 예수님은 죽었다가 부활하신 후 다시 죽지 않으셨다. 다시 죽지 않으신 유일한 분이시다. 주님은 성령으로 태어난 첫 번째 분이기에 무덤에 삼 일간 계셨지만 썩지 않으셨던 것이다(행 13:33).

『신실한 증인이시며 죽은 자들 가운데서 첫째로 나시고』(계 1:5). 예수 그리스도는 죽은 자들 가운데서 다시 태어나신 것이 아니라 첫째로 나신 것이다. 주님은 처녀에게 성령으로 잉태하여 태어나신 첫열매이시다(고전 15:23). 구원받은 성도들은 성령으로 다시 태어났으나 혼만 구원을 받았지 아직 몸의 구속을 기다리고 있다(휴거 때). 아직 몸의 구속을 받지 않았기에 죽으면 몸이 썩는 것이다.

2. 베드로가 교회의 반석인가?

로마카톨릭은 베드로가 교회의 반석이라고 믿으며 사도의 권위를 베드로로부터 계승하였다고 역대 교황들이 그렇게 믿고 있으나 그들은 성경을 제대로 해석하지 못함으로 인해 그런 수치스런 일들을 행하여 오고 있다. 하나님께서는 그런 자들을 정확하게 성경으로 지적해 주고 있다. 『... 그 가운데는 깨닫기 어려운 것이 더러 있어 무식한 자들과 견고하지 못한 자들이 다른 성경들처럼 억지로 풀다가 스스로 멸망에 이르느니라』(벧후 3:16). 그러면서 성경은 그리스도인들에게 그렇게 되지 않도록 주의하라고 경고하고 있다. 『그러므로 사랑하는 자들아, 너희가 이런 것을 미리 알았으니 악한 자들의 미혹에 이끌려 자신의 견고한 입장에서 떨어지지 않도록 주의하라』(벧후 3:17).

로마카톨릭의 반석은 예수 그리스도가 아니라 베드로였기에 베드로 위에 교회를 세워야 한다는 주장에 동조하는 사람들이 누구인가? 성경을 잘 아는 사람인가 아니면 잘 모르는 사람인가? 왜 그들이 동조하게 되었는가? 하나님의 말씀을 기록된 대로 믿지 않았기 때문이요. 사탄이 삭제시키고 변개시킨 성경으로 교리를 정립시키려다 보니 앞뒤가 맞지 않게 된 것이다.

(1) 성경은 베드로를 반석이라고 말하지 않는다.

『예수께서 대답하여 그에게 말씀하시기를 "바요나 시몬아, 네가 복이 있도다. 이를 너에게 나타낸 것은 혈과 육이 아니라 하늘에 계신 나의 아버지시니라. 나도 너에게 말하노니, 너는 베드로라. 그리고 이 반석 위에 내가 나의 교회를 세우리니, 지옥의 문들이 그것을 이기지 못하리라. 그리고 내가 천국의 열쇠들을 너에게 주리니, 네가 무엇이든지 땅에서 묶으면 하늘에서도 묶일 것이요, 또 네가 무엇이든지 땅에서 풀면 하늘에서도 풀릴 것이니라." 하시니라』(마 16:17-19).

① 성경은 성경으로 해석한다. 고린도전서 10:4은 예수 그리스도가 그 반석이라고 말씀한다. 『... 그 반석은 그리스도셨음이라.』 광야에서 물을 얻기 위해 모세가 지팡이로 쳤던 것은 반석이신 예수 그리스도였다. 우리를 구원시키기 위해 예수님은 그렇게 맞으셔야 했던 것이다. 『그러나 그는 우리의 허물로 인하여 상처를 입었고, 그는 우리의 죄악으로 인하여 상하였도다. 우리의 화평을 위한 징계가 그에게 내려졌고, 그가 맞은 채찍으로 우리가 치유되었도다』(사 53:5).

② 베드로 자신도 예수 그리스도가 그 반석이라고 기록하였다. 『또 넘어지게 하는 돌과 거치는 반석이 되었으니』(벧전 2:8).

(2) 로마카톨릭 성경을 만든 오리겐(Origen)이 말하기를 "하나님께서 교회를 베드로 위에만 세우셨다면 요한이나 야고보 같은 사도들은 어떻게 되었단 말인가"라고 했다. 예수님께서는 사랑하는 열두 제자들을 택하셨고 그중 요한, 야고보, 베드로를 최측근 즉 Inner circle로 삼으시고 변형산에서도 함께 계셨음을 알 수 있다. 이 셋은 열둘 중에서도 더 많이 사랑하셨던 자들이었다. 이 셋 중에서 가장 사랑했던 제자는 누구였는가? 사도 요한이었다. 요

한을 사랑하는 제자로 부르셨고 마지막 만찬에서 예수님께서는 자기를 배반할 자인 유다 이스카리옷에 관하여 말씀하셨을 때 유다는 "선생님, 그가 나니이까?"(마 26:25)라고 물었으나 사도 요한은 예수님 품에 기대어 "주여, 그가 누구니이까?"라고 물었다(요 13:25). 주님은 요한을 "사랑하시던 자"라고 말씀하고 있다(요 13:23). 카톨릭의 주장처럼 베드로가 교회의 반석이었다면 사도 요한은 어떻게 된 것인가? 왜 베드로가 반석이 되어야 했는가? 그것은 순전히 마태복음 16:17-19을 잘못 해석했기 때문에 생긴 실수이다.

(3) 마태복음 16:19에서 천국의 열쇠를 로마카톨릭은 교회의 열쇠로 잘못 안 것에서 그들의 실수는 배가 되었다. 베드로는 유대인이기에 그는 천국 백성이었다. 베드로는 오순절에 이스라엘 백성에게 천국 백성이 되라고 설교한 것이 아니라 구원받아 그리스도인이 되라는 기회의 문을 열었던 것이다. 열쇠란 권세와 권위를 상징하는 것인데(사 22:22, 계 3:7) 베드로는 다른 권위를 받은 것이 아니라 이스라엘로 예수 그리스도를 믿고 하나님의 나라의 백성이 되라는 것이었다.

(4) 만일 카톨릭의 주장대로 베드로가 반석이었다면 로마카톨릭은 자기들의 교회를 사탄 위에 세운 것이다(마 16:23). 로마카톨릭의 교회

를 실제로 수립한 어거스틴 역시 반석을 베드로가 고백한 것과 같이 예수님 자신을 일컫는 것이라고 자인했다. 제롬, 그레고리, 싸이릴, 암부로스 같은 교부들도 베드로가 반석이 아니라는 데 동의했다. 그러나 성경에 무지한 로마카톨릭만이 베드로가 교회의 반석이라고 주장한다. 로마카톨릭의 반석은 베드로이나 성경적 신약 교회의 반석은 예수 그리스도이심을 알라.

3. "내 살을 먹고 내 피를 마시는 자는…"(요 6:53-57)

(1) **로마카톨릭은 주일 낮 12시면 으레 성만찬이랍시고 과자 조각은 예수님의 살이 되고, 포도주는 예수님의 피가 된다고 생각하며 먹고 마신다.** 이러한 일은 이미 A.D. 1000년경부터 행해지고 있다. 그러나 이런 행위는 전혀 성경적 근거가 없이 행해지고 있는데 이것이야말로 마귀들의 장난에 불과하다. 로마카톨릭이 성경에 없는 일들을 하는 것이 그들의 전행이 되고 있지만 그런 행위는 성경에 무지함을 공개하는 일 외에 성경적 계명 실행도 아니고 교회의 전통도 아닌 것이다. 성경은 앞뒤 문맥을 조금만 주의 깊게 읽어도 오류를 범할 수 없는 책이다. 다만 거듭나지 않은 자들에게는 믿기 어려운 책일 뿐이다. 누구나

로마카톨릭이 성경에 얼마나 무지한가를 여기 한 곳에서도 충분히 알 수 있게 된다.

(2) 요한복음 6장은 주님께서 자신을 하나님의 빵으로 제시하신다.
『하나님의 빵은 하늘에서 내려와 세상에 생명을 주는 분』(요 6:33). 『내가 생명의 빵이니라. 내게 오는 자는 결코 배고프지 아니하며, 또 나를 믿는 자는 결코 목마르지 아니하리라』(요 6:35). 『나는 그 생명의 빵이라』(요 6:48). 예수님께서는 자신을 생명의 빵이라고 말씀하실 때 광야에서 이스라엘이 먹었던 만나와 대조하셨다. 만나를 먹은 사람들은 죽었지만 생명의 빵을 먹는 사람은 영원히 살게 된다고 말씀하셨다.

주님은 『너희가 인자의 살을 먹지 않고 또 그의 피를 마시지 아니하면 너희 안에 생명이 없느니라. 내 살을 먹고 내 피를 마시는 자는 누구든지 영원한 생명을 가졌나니 내가 그를 마지막 날에 살리리라. 이는 내 살은 참된 양식이요, 내 피는 참된 음료임이라. 내 살을 먹고 내 피를 마시는 자는 내 안에 거하며 나도 그 사람 안에 거하느니라.』(요 6:53-56)고 하셨는데 성경의 진의를 곡해한 자들은 매주 모여 사육제를 벌이고 있는 것이다.

『내가 아버지로 말미암아 사는 것같이 나를 먹는 그 사람 역시 나로 말미암아 살리라』(57절). 예수님의 살을 먹고 피를 마시는 사람이 이 말씀을 근거로 해서 과자 조각과 포도주를 살과 피라고 먹었다면 예수님이 아버지를 씹어 먹었단 말인가? 예수 그리스도가 아버지로 말미암아 사는 것같이란 주님께서 아버지 하나님과 함께하시는 것같이 사람들도 예수 그리스도와 함께하면 살게 된다는 말이다. 먹는다는 말은 믿는다는 말의 동의어가 된다. 예수님과 함께한다는 말은 그분에게 참예한다는 말이다. 63절에 보면 "살리는 것은 영이니, 육은 전혀 무익하니라."고 선명하게 기록되어 있지 않는가?

(3) **성경에 무지한 자들일수록 성경을 공부하지 않고 사람의 말을 신뢰한다.** 그러기에 죄를 신부에게 고백하면 용서받는 줄로 알고 있으며, 사람이 죽어 연옥에 가 있을 때 지상에서 돈을 많이 교회에 갖다 주면 그 혼이 낙원으로 옮겨질 수 있다고 믿게 되는 것이다. 성경은 과부들의 재산을 삼키려고 그런 짓을 한다고 말씀하고 있다(마 23:14). 매주 주일날 12시에 카톨릭 성당에 모여 신부가 집어 준 과자 부스러기를 받아 먹고 포도주를 받아 마신 자들이여, 한 번 상식을 동원해 보라. 그 과자 부스러기가 예수님의 살이고(터무니없지만) 그 포도주가 피라 할 때 그분의 살이 얼마나 되고 그 피의 양이 얼마나 되길래 세계 전역의 약 8억의 카톨릭 성직자와 신도들이 매주 먹고 마시며 그것도 수백 년간을 그 짓을 해도 남는단 말인가? 성경

을 읽고(요 5:39), 공부하여 깨닫게 되면 마귀가 장난질하지 않는다는 점을 알게 될 것이다.

• 지은이 / 이 송 오

- 한글킹제임스성경 책임 번역자
- 성경침례교회 전 담임목사
- 킹제임스성경신학교 설립자

진리의 지식을 찾아서 20

열린 성경 닫힌 마음

개정3판 1쇄 / 2017년 5월 4일
개정3판 2쇄 / 2024년 5월 4일
지은이 / 이 송 오
펴낸이 / 말씀보존학회
펴낸곳 / 말씀보존학회
등　록 / 제409-2022-000036호
주　소 / 서울 강서우체국 사서함 90호
전　화 / (02) 2665-3743 · 팩스 / (02) 2665-3302
인터넷 / www.biblemaster.co.kr

잘못된 책은 바꿔드립니다.

값 9,000원